BREAKTHROUGH

突破

邵雨［著］

中 国 企 业 如 何 走 出 战 略 迷 失

中国铁道出版社
2006年·北 京

图书在版编目（CIP）数据

突破：中国企业如何走出战略迷失/邵雨著．—北京：中国铁道出版社，2006.6

ISBN 7-113-07178-3

Ⅰ．突… Ⅱ．邵… Ⅲ．企业经济—经济发展战略—研究—中国 Ⅳ．F279.2

中国版本图书馆 CIP 数据核字（2006）第 062147 号

书　　名：突　破
作　　者：邵　雨
出版发行：中国铁道出版社（100054，北京市宣武区右安门西街 8 号）
策划编辑：郭　宇　张业宏　朱策英
责任编辑：罗桂英
特约编辑：张艳霞
封面设计：火石视觉
印　　刷：北京鑫正大印刷有限公司
开　　本：700×1000　1/16　印张：13　字数：199 千
版　　本：2006 年 6 月第 1 版　　2006 年 6 月第 1 次印刷
书　　号：ISBN 7-113-07178-3/F·447
定　　价：28.00 元

编辑部电话　010-51873014　　发行部电话　010-51873117

战略性突围

王　璞

北大纵横管理集团总裁

众所周知，中国企业目前面临的问题主要有二：一是如何在全球化竞争下实现国际化发展；二是新竞争状况下经营意识转变和提升。

经济全球化已经成为我们无法回避和漠视的趋势，尤其是我国加入WTO之后，众多国际企业加大了在中国市场上的投入和开拓力度，尤其是信息产业的快速发展和物流产业的高效运作，使得全球的经济背景和平台逐渐统一，我们再也不能够固守着以往的成功，认为在国内取得成功就已经足够。把在国内处于领先地位的企业放在国际市场的大背景下做一比较，我们就会清楚地发现，我们与国际领先企业的差距仍然很大。

经济已经成为衡量一个国家是否强盛的主要标志之一，而企业则是经济发展最前沿的代表，可以说中国企业在国际市场中的地位在某种程度上象征着中国经济在全球范围内的地位，目前在海外市场上能够占据一定地位的仅有联想、海尔、华为等屈指可数的几家中国企业。在全球经济一体化的趋势下，中国企业的国际化发展具有极其重要的意义。而中国企业要在国际市场上赢得地位，首先要改变固有的经营理念和观念，诚如作者在本书中所说，中国企业目前取得的成功大多源于机会主义，但随着市场竞争的日益加剧，商业的规则和法则逐渐趋于统一，通过局部市场上的机遇已经很难取得成功，对于众多中国企业来说，这是一次蜕变，一次飞跃，甚至是一次观念革命。可以说能够在新一轮竞争下获得生存权利的企业将进入一个新的高速发展时期，反之，则面临失败。

这其中核心的问题是中国企业如何改变观念，走出以往的机会主义和经营理念，本书的意义和价值正在于此。经过多年对企业发展的研究，作者认为战略性思维是促进中国企业发展的根本，在本书中，他所做的一切努力就是为了阐述战略的重要性以及如何将战略转化为执行的方法和措施。

近年来，国际性战略理论纷纷被引入，但由于没有结合中国经济环境和中国企业状况，许多理论只能停留在纸面上，难以转换为实际的执行。而国内的战略理论大多倾向于对西方战略理论的翻版，或是过于肤浅难以形成体系，多少有些喧嚣和浮躁。作者作为一名企业战略的实际规划者，在制定战略的过程中，既要注重理论性，又要注重实践性，因此他不遗余力地寻求制定企业发展战略的可行性方式，战略突破模式可以视作他努力的结果。在众多案例的支撑下，这一模式的价值得到了充分的体现。北大纵横始终为中国企业的未来发展寻求答案，如何使中国企业占据国际领先地位，并使中国企业获得持久稳定的发展一直是我们所努力的事业，也是我们作为管理和战略咨询专家的使命。作者在本书中给了我们一些启示，我不敢说作者已经解决了所有关于战略的问题，但他的这些努力是值得关注的，也是值得学习的。

本书的目的在于解决战略问题，这是一个事关中国企业未来发展的问题，具有重要的讨论意义。作者在构思的过程中颇费心思，他并没有从已有理论中演化理论，而是从成功企业的成功之中总结出理论，并将之细化成一个固定的模式用来解决企业发展问题。作为一名战略管理咨询专家，我认为本书在以下三个方面是可取的：

一、方法性

“授人以鱼，不如授人以渔”，帮别人成功不如教别人学会如何成功。作者并没有直接阐述结果，而是提供了一种制定企业发展战略的方式，这或许与他的身份有关，我相信在为企业发展苦恼的过程中，他最希望的就是有人能够提供给他一种切实可行的方法。

二、案例的分析

许多书籍中案例是为了展示自身所取得的成绩，作者却是通过对案例的深度分析寻找战略制定的原理和方式，这样的分析使得一些核心问题浮出水面，能够把握住问题的本质。例如对德隆的失败原因的分析，他并没有与其他的分析者一样武断地给出结论，而是层层推进挖掘问题的本质。

三、实践意义

任何一种战略管理或制定模式都必须能够转化为实践，否则就只是纸面文章毫无意义，作者在获得战略突破模式之后并没有急于将之展示出来，而是首先通过实践，对自身所在企业的未来发展进行思考，形成完善的战略规划思路，这对于读者来说，无疑接近于操作指导书。

我们进行分析总结是为了中国企业能够更好的发展，我相信作者写作本书的初衷也正是如此，当然这是一个很博大的课题，仅凭一两个人的努力是远远不够的，因此我希望更多的战略管理专家们投入这一研究，也借此机会祝愿中国所有的企业都能够在未来的发展中取得辉煌成就！

经济全球化下的战略抉择

徐连宽

中大集团总裁

我们必须承认我们面临的是一个不断变化的商业年代，在这个年代里，经济的动荡超越了其他的一切，经营企业再不可能像以往一般青云直上、一帆风顺，而是要不断警惕来自四面八方的竞争和压力。尤其是经济全球化的迅猛发展，彻底打破了过去的市场格局，我们以往经营过程中遵循的规则遭到破坏，同样，我们过去在市场上获得的成功经验也面临着被淘汰。换而言之，我们再也不能够依靠以往的成功模式在以后的市场中取得成功。如何才能够取得持久的发展呢？摆在我们面前的是一个事关企业生死存亡的问题。

经济全球化带给中国市场的变化是无法抵挡的，我们必须深刻体会到这一变化才能够在未来的市场中获得持续稳定的发展。随着经济全球化步伐的不断逼近，中国逐渐成为世界经济发展的重心之一，大量的国际企业涌入中国市场，竞争日益加剧。在这个竞争日益激烈的时代，我们如何持续保持成功并在市场上占据主动地位，同时寻求国际市场的开拓机会，是一个重大而具有深刻意义的挑战。

与全球化经济一起到来的是两大变化：一是商业竞争规则的变化。中国市场融入国际市场后，我们将与国际企业展开竞争，那么，必定要遵循国际商业竞争的规则；二是竞争平台的变化。以往我们拥有一定的政策保护和成本优势，而今经济全球化的发展使得这些优势荡然无存，中国企业注定失去原有的竞争优势，势必与来自各方的竞争对手在同一个平台上展开竞争。这两大变化使得中国的商业环境发生了本质性的改变，我们只有把握这种变化，才能够赢得未来，这需要我们时刻对外界保持高度的敏感。

经济全球化给我们带来了新的压力，也带来了新的机遇。作为一名企业家，我思考的问题只有一个：如何促进企业持续稳定的发展？对于任何一家企业来说，这都是一个根本性的问题，而战略所解决的正是这一问题。目前国内讨论战略的书籍并不多见，有独到见解的更是凤毛麟角。事实上，根据多年从事企业管理的经验，我认为战略首先是一种思考方式，是一种方法论。许多人将战略当作一门高深的学问，这是错误的，真正杰出的战略思想或观念必定是简单的、具有指导意义的，能够让需要的人一目了然，从而知晓未来的发展之路如何选择。其次，战略必须结合企业自身的现状，充分考虑自身的资源和能力，目前中国企业存在一个普遍的弱点：执行能力严重缺失。这是源于战略的制定者没有充分认识到企业自身的资源和能力。无法执行的战略不是好战略，一个出色的战略规划必须具有可操作性和可行性。我们要取得发展，战略性思维必不可少。

中大集团是一家决策机制相当灵活的民营企业，对外界的变化非常敏捷，自20世纪90年代便已经开始寻求在国际市场上的发展。如何在国际汽保和汽车行业中占据一定的领先地位一直是我们所思考的核心问题，但市场是不断变化的，我们只有不断关注全球化的市场发展趋势，并及时对内部战略进行全面调整，寻求更大的发展和突破。可以说，中大的眼光不在于眼前的成败，而是5年、10年乃至百年之后的成功。

中国的强大需要一批具有国际战略眼光和思维的企业家，同时也需要一批寻求战略发展模式和规则的专家和学者，只有理论与实践完美地结合起来，中国企业的未来才更加清晰。作者的战略突破模式或许仍然倾向于理论化，但随着在企业实践中的不断完善，相信会成为促进众多企业成功的好方法。

在企业具体的发展过程中，战略决策的正确与否决定企业的兴衰存亡。我们知道凡事都有规律可循，关键就看我们是否能够在企业面临发展问题时抓住问题的关键所在，能否准确地把握住促进企业发展的规律。基于这一点，以及目前中国企业战略的实际现状，本书对规律的详尽论述应该极有助于国内企业家对战略认知的有效提升。

希望所有的中国企业都能够以本书为契机，走上战略之路，在经济全球化的大潮中赢得自身应有的地位。

前　言

直面困境

为什么多数中国企业的扩张是失败的？中国企业如何走出目前的增长困境？随着国际企业的大举进入，中国企业将如何面对日益激烈的竞争？这些是所有中国企业都必须正视的问题，是无法回避的问题，回避便意味着失败，意味着死亡！

尽管许多中国企业在失败的同行者身上汲取教训，不断调整自身的经营观念和策略，然而，我们回顾一下 2004 年，就会发现盲目、冲动、没有节制、求大求全的扩张理念仍然为众多企业所采用。诚然，发展是企业的唯一目标，但没有目的、缺乏方向的发展是没有意义的，是成长的陷阱！

中国经济已经顺利度过了发展的难关，成为世界经济中举足轻重的角色，作为中国经济中最为活跃的部分——中国企业又如何走出目前徘徊、挣扎的局面呢？

战略在近两年来已经成为中国企业关注的重心之一，作为企业发展战略的主要制定者与参与者，如何制定适应企业发展的战略并有效执行曾一度成为我日夜反思的主要问题。

在此之前，我翻阅了几乎是所有关于战略的书籍，并接受了著名商学院的系统教学，但是真正适合中国企业现状的战略论断可谓凤毛麟角。从国外引进的著作因为其商业环境以及过于理论化难以为众多的中国企业家所接受，而他们也没有那么多的时间去学习全面而系统的理论，尽管那是必要的。国内关于战略的作品则或是国外战略大师理论的翻版，或是更多的关注运营层面战略，对于促进企业发展的本质却缺乏揭示。

针对这样的现状，结合自身的实践经历，我觉得中国企业需要一些真正对他们有帮助的文字出现，这就是如何制定战略。出于这样的构想，本书主要从三个方面展开阐述：对成功企业进行战略解读、对失败企业进行战略剖析、对发展中企业进行战略调整。

我们知道，目前大多数中国企业处于战略迷失之中，这种迷失的产生是因为以往的成功经验在今天已经失去意义。走出这一困境必须用一种新的观念去面对企业运营，这就是战略理念。决定中国企业未来几年内发展的是企业家的战略思维。所以我一直强调对于中国企业家来说，他们需要的不是管理方式与运营模式的继续完善，而是一场观念革命。摆脱以往成功的一切，意味着承担失控的危险，这需要勇气与决心，而战略则是唯一可以将风险降到最低的运营理念。

从另一个角度来看，中国企业目前面临的增长困境并非灾难，反之，如果我们始终处于高速发展之中，而无视自身的弱点和弊端才是危险的。因为没有永远的成功者，也没有永远的失败者。一向受人尊重的企业如 GE、英特尔、诺基亚等也曾于困境中挣扎，而苹果、爱立信等被众人断定为必定失败的企业，近年来则通过产品与服务创新重新占领了市场的制高点。困境对于一个企业来说，不是失败的前兆，而是成功的预告；没有困境，企业就永远不会主动创新、不会实施变革、不会接受新的经营理念和方式。我们看到的失败者大多是因为过于成功，在成功中迷失方向，以至于不思进取，逐渐失去了对市场的敏锐的洞察力和迅速变革的能力。彼得·圣吉称这些企业为“温水中的青蛙”，而外界的市场环境是不断变化的，新的竞争对手不断涌现，失败便随之而至：IBM 错失个人电脑业务、苹果拒绝电脑的大众化、爱立信无视手机行业的发展趋势……

相反，生存在困境中的企业却每时每刻都在思考创新，寻求变革。困境可以激发企业的创造力：苹果经过长久的困境之后用令人吃惊的 MP3 播放器重现江湖，迅速占领了大量的市场份额，乔布斯因此再度成为商界关注的焦点；爱立信在手机业务受到冲击之后，对自身的产业进行了优化，甚至放弃了自身的品牌，通过“壮士断腕”般的改革，明确了新的发展战略和目标，并通过一系列的措施大大削减了公司的运营成本，今天，爱立信彻底走出了往日的颓废之势，成为全球电信业新的领导者。而当年在手机大战中获胜的诺基亚却呈现发展乏力的状况。当然，本书所要讨论的不是困境对于企业发展的意义，而是企业应该如何面对困境，并从困境中走出来。

出于这样的构想，我花费大量的时间分析了许多成功与失败的企业，期望从中寻找到成功与失败的规律。在总结企业成功与失败的过程中，我总结出一个战略突破模式，得出了战略的三大规则，这是制定战略的基点，脱离这三点，企业很难得到适合的发展战略。同时成功的企业不只拥有出色的战略规划，还将战略转化为优秀的执行，公司、营销与运营三个战略层面则是将战略转化为执行的关键，任何一个层面与整体战略不符，都将导致企业的整体战略失败。

在分析对象的选择上，我力求符合中国企业的发展现状。在选择成功企业时，我对比了许多国际性企业，最终选择了三星电子集团和英特尔公司。三星有着与众多中国企业相同的发展时期和背景，同时三星的成功不只是某个区域的成功，而是全球范围内的成功；对于英特尔，我主要分析如何才能够做到把握市场发展趋势主动实施变革，我相信在这方面没有第二家企业可以比英特尔做得更为出色。失败的企业我选择了人们广为关注的德隆，原因有二：1. 在机会导向与战略导向的选择中，德隆迷失了方向；2. 德隆的多元化发展模式正是许多中国企业所推崇的。联想是国内为数不多注重战略的企业之一，20 年的发展历程使其比其他企业有着更多令人深思的地方，于是我用了大量的笔墨对之进行了系统地分析，当然主要限于战略上的分析。在分析的过程中，我分析其战略成功的同时，更多地对其近几年来的战略失误进行分析，以求提醒更多的中国企业不要重蹈覆辙。中大是我服务过的企业，针对其两大主业，我利用战略规则对之进行了全面的战略调整，作为战略规划案例，我将之放在后面，以期给更多的企业提供参考。

因为时代的原因，中国企业面临着增长困境，如何走出这一困境是中国企业家必须解决的问题，希望本书能给您提供一些提示与方法。

目录
Contents

➤ 第一部

战略原理

发展第一，生存第二

第一章
为什么多数企业的扩张是失败的——当突破陷入困境

中国企业已经走到了一道关口，突破这道关口的核心在于中国企业家的观念革新。过去的成功代表不了未来的成功，同样，以往创造辉煌的经营观念在今天也难以创造出更多的辉煌。

新的时代赋予我们新的使命，对于企业来说同样如此。今天中国市场融入国际化竞争，所有的中国企业都将成为促进经济全球化发展的一部分，这既是挑战，又是机遇。

对于中国企业来说，突破是一场观念革命。以往的经营理念不再有效，以往的管理模式与组织结构也不再适应市场变化的需求，改变这一切，需要从观念上进行根本性的变革。

回顾刚刚过去的2004年与2005年，我们发现，中国的商业环境发生了翻天覆地的变化。中国企业的发展进入了一个全新的阶段，这个阶段对我们提出了更高的要求，无论是外界的竞争，还是出于自身的发展，任何一家企业都必须进行重新调整以适应未来市场发展的需要，中国企业进入了全面探索的阶段。同时，中国加入WTO之后，外资企业纷纷涌入，竞争日益加剧，迫使中国企业必须迅速做大做强，于是，如何扩张也成为中国企业家日夜思索的问题，各类西方的经营理念在中国大行其道，一些企业因此得到了快速的发展，赢得了人们的尊重，更多的企业则在这股潮流中迷失方向，遭遇了令人痛心的失败，山东的小鸭集团便是其中之一。

2004年3月，在连续3年亏损的情况下，小鸭集团宣布将其上市公司小鸭电器所有股权转让给同处山东的一家国有重型机械企业，正式退市，重新关注洗衣机产业的发展。在小鸭疲于收拾残局的同时，禽流感正在中国内地肆虐横行，有媒体就事论事，戏侃“小鸭”也难逃此劫。

在小鸭退市之前的数年里，扩张曾是其主要的目标，也正是由于过度扩张才使得小鸭今天被迫下市。2000年，通过上市获取了一定资金的小鸭认为自身在主业洗衣机产业已经取得了辉煌的成就，继续留在洗衣机市场中难以取得更大发展，于是走上了多元化发展之路，先后介入了空调、热水器、冰柜、灶具等多个产业，与其他中国企业扩张的手法一样，收购曾一度成为小鸭扩张的主要手段。

在对新进入产业不够了解的情况下，小鸭采用的竞争手段也是中国企业的惯用手段：价格战。这是一种杀敌一千、自伤八百的战术，是双刃剑，运用不当无异于自刎，小鸭正是如此。在市场开拓初期，小鸭的价格战取得了一定的成果，但是竞争对手迅速采取了跟随性的降价竞争。作为行业的新介入者，小鸭在市场规模与成本等方面上都处于劣势，时间一久，亏本自然无法避免。最终，小鸭在洗衣机产业以外的投资几乎无一赢利。

与此同时，多元化发展使得小鸭在洗衣机产业里精心打造的品牌资产逐渐减弱。在其他产业中，小鸭的品牌影响力远远低于竞争对手，如空调业的格力、灶具业的方太等。最致命的是由于涉足了多个行业，因为对新产业的技术、生产等缺乏深入理解带来了许多质量问题，引发了许多市场纠纷，其中小鸭热水器的质量问题在许多地区引起了激烈的反映，遭到了苏宁、国美、大中等大型家电连锁企业的拒售。总之，小鸭的扩张不但没有实现预期构想的目标，却在扩张中逐步迷失了发展的方向。如今，小鸭重新聚焦于洗衣机产业的发展，但市场格局已经发生了本质的变化，重新攀登辉煌绝非易事。

从单一产业到多元扩张，小鸭的扩张历程在中国具有一定的典型意义。当主业发展到一定程度时，大多数中国企业会产生一种自得的心态，认为自身已经取得了市场竞争中的优势地位，从而寻求新的发展机会，将企业做大做强。海尔、娃哈哈、TCL、春兰、雨润……几乎所有的中国企业都选择（或曾经选择）多元化发展作为扩张的方式。

然而，企业的扩张似乎总是与失败相连，于是，一些企业以令人难以置信的速度崛起，又以不可思议的速度消亡，三九、托普、科利华等企业纷纷遭遇挫折，号称中国第一民营企业德隆的失败则将中国企业因扩张而形成的失败潮流推向了最高峰，一时间扩张似乎成为失败的代名词，与扩张相关的企业先后受到了人们的质疑。

企业扩张失败引起了人们的关注，许多学者将之作为研究的学术课题，也成为中国企业家不得不面对的问题。因为企业的发展离不开扩张，如果这种失败持续下去，我们将永远无法获得增长！

中国企业要发展首先要解决扩张难题，那么，我们首先需要回答一个问题：为什么多数企业的扩张是失败的？

新的市场环境导致扩张失败

市场环境的变化是中国企业扩张失败的主要原因之一，20世纪80年代以来，中国的市场状况发生了天翻地覆的变化，市场格局从单一竞争走向多维竞争，市场竞争主体的构成也由单纯转变为复杂，这些变化对中国企业提出了更高的要求，过去在市场中取得成功的经验和方式不再有效。

中国市场发展的五个时期

要了解中国市场环境的变化，首先需要对中国市场经济的整体发展作一个概括性描述。市场经济的发展有一个永恒不变的规则：消费者对待产品的态度。中国市场经济的发展同样遵循了这一规则：80年代之前，由于计划经济的约束形成物资短缺，消费者对于产品几乎没有选择权力，只能被动的接受，丝毫谈不上市场化；80年代往后，中国经济逐渐完成了计划经济向市场经济的转变，可供人们选择的产品日益丰盛，消费者逐渐成为决定市场发展的重要角色，生产者则需要付出更多的努力以博取消费者的青睐。中国经济发生了本质的变化。

消费者消费观念的不断变化促进着中国市场经济的发展，回顾中国经济25年（1979年~2004年）的发展历程，我们可以将之分为五个发展阶段：产品短缺时期、点子时期、标王时期、品牌时期和整体竞争时期。

一、产品短缺时期。20世纪80年代初期，中国的市场经济刚刚起步，许多产品处于短缺状况，供人们选择的产品少之又少。在这一时期，企业只要能够生产出产品便可以获得生存的权利，大多数中国企业的最初成长正源于那个时期。

二、点子时期。80年代中期到90年代初，中国企业显示出强劲的生产能力，产品短缺状况逐渐得以改观，如何使产品为消费者所接受成为众多企业思考的问题，由于缺乏系统的营销理论，于是诞生了中国特色的“点子”时期，一些企业靠他人的“点子”而发展。随着营销之父菲利普·科特勒的营销管理理论进入中国后，点子时期迅速结束。

三、标王时期。又称“广告时期”，90年代中后期，中国市场迅速从产品短缺走向产品过剩，当年由卖方决定的市场转变买方市场，消费者可选择的产品日益增多。由于消费者难以依靠自身对产品的品质作出准确判断，因此急切期望拥有一个评估标准，广告顺理成章的成为他们依赖的主要标准，于是标王迅速兴起，成为众多企业一举成名的利器。孔府宴、秦池、爱多等是其中代表，由于过多依赖广告的作用，而忽略了产品本身的质量和市场运作的宗旨，这些企业大多以失败的结局而告终。

四、品牌时期。随着市场竞争的不断加剧，产品的同质化日益明显，到了20世纪90年代后期和21世纪初，单纯依靠广告已经很难取得实际成效，与此同时，整合营销传播与品牌概念在中国市场兴起。这一时期许多企业将塑造品牌作为赢得市场的主要手段，关于品牌的理论也纷纷进入中国，其中最具影响力的是大卫·爱格的品牌理论和艾·里斯与杰克·特劳特的定位论，可口可乐、宝洁、强生等国际领先企业成为中国企业学习的榜样。但中国企业对品牌的认识存在着许多误区，依然过多的依赖广告，因此，中国至今仍然没有产生具有持久生命力的品牌。价格竞争是这一时期的另一个主要特征。

五、整体竞争时期。进入21世纪后，中国加入WTO，中国市场进一步融入国际化竞争，许多外资企业相继进入中国市场，一起进入的还有全球最为先进的市场竞争理念。从某个局部优势（如产品或低成本）展开竞争已经很难取得成功，中国企业急需从整体运营能力上进行突破，系统化的运营能力才是赢得未来市场的根本。同时，随着外资企业对中国市场的不断深入了解，我们目前所具备的本土化优势将逐渐丢失。

中国市场经济经过了以上五个时期的发展，逐渐仅次于美国成为全球经济发展的重心。今天，再没有人认为中国市场与过去一样，竞争环境的变化已经成为所有中国企业都必须接受的事实，企业家们从来没有像今天这样感到无所适从，他们尽力挣扎越陷越深。

全新的中国市场状况

25年的经济发展改变了中国，形成了全新的市场状况，这些状况是中国企业调整运营策略的主要依据。我们知道违背现实是企业经营失败的根源，企业要发展，必须对新的市场环境作出准确的评价，并在此基础上寻求全新的促进企业发展的商业理念与模式。

现在，让我们来看一看中国市场上出现的状况：

一、中国市场迅速融入国际化市场竞争

经济全球化是谁也阻挡不了的潮流，相比而言，中国市场上发生的国际化竞争会来得更为剧烈：任何一家国际企业都不愿错过中国这个经济增长最快、人口最多的超级市场，有经济学家预测，不久之后中国将替代美国成为世界最大的消费市场。这引起了全球企业的广泛关注，尤其是在中国加入 WTO 之后。一个显著的例子是世界 500 强中有两百多家企业在有上海后花园之称的昆山市投资建厂。

融入国际化市场给中国企业带来了很强的竞争压力，主要体现在两个方面：一是市场规则的改变；无论在什么地方，只要参与了国际化市场竞争，就必须遵循全球化的商业规则，利用中国特色的沼泽地保护与区域市场的优势取得发展的机会已经不再存在。二是过去的竞争优势尽失；中国企业过去采取的竞争方式是低成本支撑下的价格之争，通过这样的竞争，格兰仕、纳爱斯等一大批中国企业取得了暂时的胜利，随着国外企业在中国区域投资建厂，逐渐拥有了同样的成本优势，中国企业过去所依靠的竞争优势不再是优势，要继续发展必须寻求新的竞争优势。

二、中国市场进入全面竞争阶段

中国市场融入国际化竞争，众多国际企业大举进入，国内企业不断涌现与成长，竞争日益激烈。目前取得一定成功的企业所面临的竞争尤为复杂，一方面要面对国际企业领先的技术与先进的运营理念的竞争，一方面又要面对新企业在低端发起的进攻，竞争对手似乎可以来自各个地方。英特尔的前董事长安迪·格鲁夫说："越是成功，垂涎三尺的人就越多，他们一点点地窃取你的生意，直至最后一无所余。"那些暂时处于领先地位的中国企业需要警惕了。种种现象表明，中国市场上的竞争不会再从某个局部展开了，竞争已经全面升级，从局部竞争到全面竞争，中国企业需要付出更多的努力。

三、市场机会趋向匮乏

在市场经济发展初期（80 年代），中国企业发展的机会唾手可得，许多企业的成功正源于把握了市场中的机会。但是，今天这些机会很少，所有的行业都处于高速发展之中，继续秉承机会主义，中国企业将难以发展。市场机会的匮乏使得企业的发展空间逐渐变小，中国企业要持续稳定的发展必须善于把握发展过程中的每一个机会，从而使自己得到迅速的发展，但这些机会必须与自身的发展方向相符合，否则不但不能够促进发展，还会成为阻碍企业发展的障碍。

四、市场中的不确定性增加

进入21世纪后，中国市场发生的变化使得不确定性因素增加，中国企业逐渐接受了“世间唯一的不变就是改变”这一论断。不确定性的增加对企业领导人提出了更高的要求，对企业适应变化的能力也提出了更高的要求。前两年在中国商界风靡一时的《谁动了我的奶酪?》一书讲述的正是变化，它说明了企业不能够及时根据外界的变化调整经营策略，失败将不期而至。

竞争环境的改变必然导致竞争规则的改变，仅仅依靠敏锐的洞察力与果断的决策力取得发展是远远不够的。今天，中国企业必须正视新的竞争规则和全新的商业环境，创造适应市场发展需求的竞争理念，寻求适合自身发展的方法与规律，通过主动变革去适应外界变化的需求。

机会主义延续：中国企业扩张之误

中国企业扩张失败的另一个主要原因为：大多数企业的扩张是机会主义导向下的盲目扩张，并且过多依赖以往的成功经验。机会主义在过去能够成功，但在今天市场环境已经发生了天翻地覆的改变，继续依赖机会主义是难以取得发展的。

对中国企业的扩张进行仔细分析之后，我觉得可以用“机会主义的延续”来定义他们的扩张，利益驱动、求大求全、过于自信、拷贝经验以及追求速度是前一阶段中国企业的扩张基点。

利益驱动下的扩张

寻求利益是几乎所有中国企业考虑的首要问题，因此，一旦发现主业难以获取更大的发展或更多的利益回报时，他们将毫不犹豫的选择一些利润空间较大的行业，寻求新的利润增长空间，白酒制药、家电造车和房地产过热等现象都源于这种观念。

“家电造车”是最为典型的利益驱动下的扩张，家电行业由于竞争异常激烈使得利润趋于稀薄。到了2003年，中国家电类企业大部分产品的毛利率平均约为7%，这个数字意味着家电企业整体进入了潜在亏损的预警阶段，许多家电企业开始寻找新的利润来源。与家电行业相对应的是，从2002年起，随着人们消费水平的提升，中国汽车工业迅速崛起。2003年上半年，中国家用汽车的消费比2002年同期增长了80%以上，最诱人的是汽车业的平均利润还维持在两位数。这对于家电企业来说，简直就是遥远的梦想。家电企业进军汽车业自然就顺理成章。春兰、扬子、新飞、美的……相继进入了汽车产业，然而进入汽车业并不意味着成功，更不意味着获取高额的利润回报。2005年国家对汽车行业进行了产业政策调整，汽车业出现了衰退现象，“家电造车”中能够顺利渡过难关的企业寥寥无几。

“家电造车”显示了多数中国企业依然停留在机会主义的导向上，这种跟着利润走的企业发展方式必将遭遇失败。

盲目求大求全的扩张

什么都不愿放过是中国企业一贯的经营理念，加之世界500强情结，“求大求全”成为支撑他们扩张的第二个观念。在中国企业家的算术题里，一加一似乎永远都大于二，于是收购成为他们使用的主要扩张方式，收购对象是否具备价值却并不计较，北京控股集团董事局主席衣锡群的话代表了许多中国企业家的观点：“哪有那么多好企业让我收购，我想把企业做大做强就只有收购一些坏厂。”这样的结果只能是一加一小于二，德隆的失败已经证明了这一点，许多企业却依然行走在这条道路上，TCL便是求大求全的典型之一。

TCL是家电企业中追求做大做强的代表，先后涉足了电话机、电视机、手机、电脑、软件等多个产业。2004年TCL整体上市时，集团包括103家全资、控股和参股企业，业务涉及了多媒体、通讯、家电、信息、电工和部品六大产业群。TCL获得了暂时的成功，原本的主业电视机始终位于市场前列、手机业务也曾创造辉煌的成果，2003年销售收入超过300亿人民币，但需要反思的是“大而全”就意味着企业的强大吗？就意味着TCL在未来的竞争中能够经久不衰吗？TCL集团总裁李东生自己给出了答案：多元化是TCL的战略性失误，因为资源过多分散、战线拉得过长，TCL真正具有市场竞争力的产业并不多。

过于自信下的扩张

对自身运营能力盲目自信，制定近乎疯狂的扩张计划与目标是众多中国企业失败的根源之一。“天欲其亡，必令其狂”，这句话一次又一次的在中国企业的扩张中应验。一家自有资金仅3亿元的民营企业，却计划建一个总投资106亿元的大型钢铁公司，并且提出“三年赶超宝钢”的狂热目标，铁本，又一个在疯狂下失去自控能力的企业。

铁本原本通过承包租赁国有钢铁公司的方式快速发展，随着钢铁的市场需求量不断增大，原来租给铁本的工厂逐渐收回，这使得铁本破釜沉舟，决定自己上马炼钢项目。2002年是铁本公司较为辉煌的一年，入选中国民营企业500强，创始人戴国芳也进入富人排行榜。正是在这样的背景下，铁本开始了“疯狂”的扩张：在长江边建造一座大型钢铁工厂。在项目推进的过程中，工厂规模被反复调整，从产能200万吨到400万吨，再到600万吨，最终扩至840万吨，铁本在狂热的扩张欲望中迷失方向。铁本项目被责令叫停。

铁本式的“疯狂”在中国企业界并不少见，中国企业家向来自信，这种自信向前一步便成为自负，远有巨人、爱多、秦池……近有德隆、托普、铁本……企业经营需要理智，一旦失去理智，终将难以逃脱铁本的命运。

拷贝成功经验的扩张

许多中国企业家认为在一个行业获得成功便可以在所有的行业里都获得成功，对已经发生变化的市场环境和行业之间的差别置之不理，在进入陌生的行业之后，依然运用过去取得成功的方式与理论，结果不得而知。娃哈哈的童装产业得不到顺利发展，原因正是如此。

娃哈哈这一品牌在孩子们心目中具有一定的影响力，娃哈哈AD钙奶取得的成功有目共睹，做童装也遵循品牌延伸之道（消费群体相一致），但是，由于过度依赖以往的成功经验，娃哈哈在童装产品设计和渠道结构上缺乏创新，最终使得童装产业增长乏力。

娃哈哈对于自身在饮料产业中取得的成功颇为自得，在童装产业推广时，仍然延续了以往的经营模式，许多娃哈哈的经销商一手卖饮料，一手卖童装，用销售饮料的方式销售服装，结果可想而知。同时，娃哈哈过于相信其品牌的力量，在童装产品的创新上缺乏力度，款式陈旧，难以引起孩子们的注意。过度相信以往成功的经验使娃哈哈在童装产业上难有很大作为。

每个行业都拥有其独特的市场驱动模式，一个行业中的成功方式对于另一个行业的市场发展可能毫无用处，许多失败案例已经证明了这一原则，许多中国企业却依然我行我素。

过于关注增长速度的扩张

期望“一举成名天下知”“一夜暴富”的中国企业家不在少数，迅速进入世界500强是他们共同的目标，近年来兴起的资本运作是他们的手段。德隆介入金融行业的目的如此，托普的多元发展亦是如此……

托普曾经是软件业的明星企业，与用友、创智等被誉为中国软件业的骄子。源于迅速做大做强的愿望，托普以GE为榜样，走上了多元化扩张之路，先后进入了手机、教育、金融等多个领域，形成了引人注目的托普系。

一旦企业过于关注增长速度，便会在对新进产业缺乏深入了解的状况下草率行事，托普即是如此。我们来看看托普的手机产业，关于手机产业，托普给予的说辞很多，但大多最终都不了了之：托普将获得第12张GSM手机牌照、托普使用的是深圳国威的手机牌照、技术来源于中天华通……这些说辞最终都不攻自破，托普在手机产业终未成大器。同样，托普 的教育产业取得短暂的辉煌之后，也陷入增长困境，而金融等产业也没有很大起色。托普的高速扩张没有实现预想的目标。

2004年3月，公司创始人宋如华将所持有的托普股权以1元的价格转让，托普结束了高速发展之路。

今天，速度对于企业的发展十分重要，但一旦过于关注速度却不考虑自身的运营能力以及外界环境的变化，则“唯速度论”可能是企业快速通往死亡之路。早期青岛啤酒也曾经盲目追求发展速度，收购了一大批毫无价值的啤酒厂，给青岛啤酒的发展带来了许多动荡不安的因素，后来金志国通过一系列的措施才使青岛啤酒趋于稳定，重新回到稳定发展的轨迹上来。

几乎所有崇尚扩张的中国企业都可以在以上五种扩张观念中找到自身的影子，这些观念基本延续了当初的机会主义，构成了中国企业扩张失败的根源。当初，由于产品短缺与竞争对手较少，把握市场中的机会便意味着成功，今天，情况发生变化，托普、德隆等企业的失败说明新的市场环境下必须采取新的经营观念，继续以往的机会主义，见到机会便盲目跟进是必败无疑的。由此看来，中国企业要走出扩张失败，必须全面调整经营理念，走出机会主义导向。

要么突破，要么灭亡

市场环境的巨大变化与扩张观念的失误，构成了中国企业扩张失败的源头。以往在市场上获得成功的经验与方式，在今天已经毫无意义，要进一步提升与发展，中国企业必须抛弃以往成功的经验，寻求新的增长方式。

频繁的扩张失败使得中国企业陷入了增长困境，如果不能够迅速从这一困境中突围出来，行业在发展，竞争对手在进步，我们却停步不前，必定将面临被淘汰的危险。管理大师拉姆·查兰和诺谈尔·M·提切说："如果你的企业没有在增长，那么，你的死期将至！"

新的市场环境需要新的发展理念，新的竞争状况需要新的竞争模式。如果中国企业延续以往获取成功的机会主义发展观念，必将错过这个时代，这意味着中国企业需要进行系统全面的变革，以适应外界需求的变化。以往人们听到这样的言论，可能会付之一笑，而今天，如果你不能够及时进行变革，这句话将会像咒语一样灵验。中国市场已经发生了天翻地覆的变化，适合企业生存与发展的温床已经不再存在。

新的时代赋予我们新的使命，对于企业来说同样如此。中国市场融入国际化竞争，所有的中国企业将成为促进经济全球化发展的一部分，这既是挑战，又是机遇。唯有在全球化的竞争下才能够产生全球性的企业，这是摆在我们面前的又一次成长机会。以往我们可以回避国际化竞争，今天国际化竞争就在眼前，逃避已不再可能，唯有正面竞争才能拥有生存的权利。令人欣慰的是已有一批中国企业如华为、中兴等积极投入了国际化市场竞争之中，相信不久之后，中国将诞生出一批具有国际影响力的企业，他们将承担中国经济全球化发展的主要职责。

正视增长困境需要中国企业对自身进行全面的评估与调整，根据市场需求进行资源重新配置，并充分整合身边的资源，形成独特的竞争能力，唯有如此，我们才能够真正走出增长困境。

总之，今天摆在我们面前的问题是如何突破困境：要么突破，要么灭亡！

第二章
中国企业如何走出增长困境
——我们需要学习什么

无论是多元化，还是专业化，都不是促进企业发展的真正原因，资源分散使得企业无法聚焦于主业发展，而过于依赖专业化发展则可能使企业失去未来。那些认为专注单一产业便可以使中国企业走出困境的论断是表象的，也是错误的。

事物发展的背后必定有规律，一旦掌握这种规律，就能够取得预期的成功，同样，一旦违背了这种规律，失败将不期而至。同样，企业如何走出困境也一定有规律。

当前中国许多优秀企业面临的困境正是战略的困境。在充满不确定因素的产业环境下，中国企业应通过战略管理来保持生存和发展，在全球化扩张中实现持续平滑的增长。

——杰克·韦尔奇

中国的商业环境发生了巨大的变化，继续以往的成功模式将难以取得发展，中国企业陷入了增长困境。如何走出这一困境？成为我们共同关注的问题。在中国经济逐渐成为世界经济重心的同时，中国企业能否同样登上世界经济舞台的中心？中国企业家能否成为推动世界经济发展的人？中国能否诞生出像 GE、微软、英特尔这样的企业？以及像韦尔奇、安迪·格鲁夫、比尔·盖茨这样的企业家？这些问题已经成为我们不得不思考的问题，一些经济学家对中国企业的未来表示担忧，觉得在中国出现世界级企业是很难的，他们给出的理由是中国的市场经济发展时间较短，还没有出现培养世界一流企业的环境，这为中国企业的发展蒙上淡淡的阴影。

中国企业难道真的没有出路了吗？

我不这么认为，相反，我认为中国目前的经济状况不但可以催生出世界一流的企业，而且是中国企业走上世界经济舞台的最佳时期，水涨船高是事物发展不可违背的规律，中国经济正在向世界经济的重心攀登，这必然会引领一群企业迅速发展，对于众多的中国企业来说，目前我们需要考虑的是如何走出暂时的增长困境，并掌握企业发展的真谛，朝着世界一流企业的目标走去。

但是在发展过程中，中国企业在许多经营观念上仍然存在着很多缺憾，要走出增长困境，我们必须对自身的弱点有着清晰的认识，并寻求促进企业发展的真正本质，而不是对成功企业的盲从与膜拜。

回顾中国企业的成长历程，出色的学习能力是他们迅速成长的主要因素之一，在中国经济以蓬勃发展之势令世界震惊的同时，中国企业家与职业经理人所展现出来的学习精神和速度同样让人惊异：短短的数十年里，他们几乎掌握了西方经济经过 200 多年发展与完善起来的商业理论。

令人钦佩的学习能力或许是中国企业突破增长困境的唯一优势。然而众多中国企业的学习仍然停留在对国际成功企业的表象模仿上，对“多元化”与“专业化”发展模式的模仿便是如此。

GE与诺基亚：多元化与专业化的表象之争

进入21世纪后，中国企业开始考虑来自国际企业的竞争压力，迅速做大做强成为他们共同的目标。大多数中国企业经历了数十年乃至20年的发展，积累了一定的资本，但随着市场的日益成熟与竞争的不断加剧，主业面临增长困难，急于寻求新的利益增长点，多元化发展成为他们的必然选择。

最近两年，涉足多元化发展的中国企业纷纷遭遇失败，于是，人们开始反思多元化发展模式，中国企业界兴起了多元化与专业化之争，也就是GE模式与诺基亚模式之争。一部分企业认为继续停留在原有产业中，很难取得高速发展，也就难以抵抗国际企业的竞争，坚持多元化发展之路；另一部分企业则认为多元化发展容易形成资源失调，且难以掌控，最终难免会遭遇失败，选择专业化经营。

中国企业的多元化情结

几乎所有的中国企业家都将GE和韦尔奇作为自身的榜样，因此，选择多元化发展的中国企业很多。中国企业的多元化发展分为两个阶段：一是市场机会引导下的自主性多元化发展；二是扩张愿望引导下的模仿性多元化发展。

20世纪80年代后期，中国的消费市场逐渐被打开，整个社会经济处于产品短缺状态之下，市场中存有许多空白点，这些空白点为中国企业提供了许多成长和发展的机会，因此，早期取得成功的企业往往都是四处出击。今天专注于房地产业的万科也不例外，曾经进入零售、工业生产、影视文化、饮料产业等，成长为一家以贸易为主的多元化企业。90年代初期，万科已经拥有十余个产业部门，成为中国企业多元化扩张的先驱。后来因为资源过于分散、效率提升面临困难，万科走上了专业化发展之路。

90年代初期，由于外界的吸引而跨入多元化经营的企业越来越多，1992年，海尔从冰箱生产领域扩展到洗衣机、电视、小家电、电脑、手机等多个产业；地处江苏的春兰也从单一的空调生产转向重型卡车、摩托车以及半导体等产业，一段时间里，由于竞争不够激烈，这些企业的多元化取得了一定的成效。然而，今天随着竞争环境的变化，他们的多元化发展逐渐步入增长困境。

与海尔、春兰等相对应的是一些企业的多元化在90年代便已遭遇失败。史玉柱的巨人集团由于外界的诱惑，进入了电脑、保健品和药品三大产业；同样，太阳神在怀汉新的率领下进入了石油、房地产、电脑、酒店等20多个产业。由于过于盲目的四处出击，这些企业很快便用尽了自身的资源，轰然倒闭。

90年代中期，许多中国企业进行了业务收缩，开始专注于某个产业的全力发展。

21世纪，许多企业在主业发展到一定阶段之后，继续增长面临困难，出于做大做强的愿望，重新走上了多元化发展之路，开始了第二阶段的多元化发展高峰。其间，由于中国加入WTO，商业信息流通加快，韦尔奇与GE的多元化发展模式传入中国，许多中国企业家将韦尔奇当作自己的偶像，《杰克·韦尔奇自传》在中国的销量比任何一个国家都高。一时间，多元化发展呼声高涨，德隆、小鸭、托普等企业的领导人都曾是韦尔奇的推崇者。

方正电子的主业——电子出版业务的市场占有率达到90%，市场逐渐饱和，利润率却在不断下滑，为了寻求新的增长，方正进入了保健品、金融服务等行业。90年代进行业务收缩的华立在电表业务成为行业第一，难以得到更大发展，也进入了生物制药、信息电子和房地产等多个行业。南京雨润食品在主业低温肉食品成为行业领袖之后进入了生物工程和房地产等产业。

尽管两个阶段的市场环境发生了巨大的变化，但中国企业多元化扩张的核心——机会主义观念却依然没有改变，中国企业做大做强的愿望太过强烈，对于任何一个机会，他们都不愿错过，觉得别人能够做好，我同样能够做好。然而略微有一点经济学基础的人都知道这样一条定律：得到一样东西，必然会失去另一样东西，这就是机会成本。对于众多中国企业来说，追求多元化发展则可能需要付出生存的权力，德隆、小鸭等已经为我们发出警告。

专业化渐占上风

2003年后，由于德隆、小鸭、托普等选择多元化发展的企业相继遭遇失败，专业化发展逐渐引起人们关注，万科持续稳定的发展、华为的国际化发展初见成效，成为众多企业崇尚的对象，一时诺基亚模式占据上风。在对专业化发展模式进行研究的过程中，我发现两个特点：一、尽管专业化引起了广泛关注，但关于企业应该选择专业化发展的言论多半出自理论研究学者；二、事实上，真正实现专业化发展的企业寥寥无几，即便是许多中国企业学习与模仿的榜样——诺基亚，也是同时在移动通信与电信两个业务中寻求发展的。

对于企业应该选择专业化发展的推广，以长江商学院的曾鸣教授为代表对专业化发展极力推崇，提出了“大舍才能大得”的企业发展观点，他认为多元化是一个阶段性的过程，今天这个阶段已经过去，同时行业之间有着太多的差别，多元化发展日益困难。总之，“竞争越激烈，越需要资源聚焦，专业化的程度也越高。”他运用万科从多元化走向专业化的案例作为论据。在这本书里，他最重要的贡献不是企业应该选择多元化还是专业化发展，而是提出了中国企业应该从机会主义走向战略导向。他看到了中国企业发展问题的核心。

多元化发展必然导致资源分散等客观状况，然而事实上，真正选择专业化发展的企业很少，中国始终坚持专业化发展的企业似乎只有万科，自1992年万科确立了以房地产为主业的专业化发展思路，万科便逐步将非主业的资产相继出售与转让，同时抵挡了外界的诱惑，一直致力于房地产业的发展。最近，万科宣布以美国的普尔公司为学习标杆，普尔是美国最大的房地产开发商，始终坚持专业化发展与依靠产品质量取胜，并且将业务伸到阿根廷、墨西哥等国家。万科的目标很明显：他们坚信房地产是一个完全可以全国性乃至国际化运营的行业，万科将成为其中最优秀的企业之一。像万科这样始终坚持专业化发展的企业极为罕见，许多企业难以坚持专业化发展，华立在1998年开始对非主业资产进行出售和转让，将精力集中在电表产业上，得到了迅速的发展，但是很快由于在电表行业做到领先地位，出现增长困难，华立又介入了多个行业，重新走上了多元化发展之路。

专业化发展还与国际化发展不可分割，许多中国企业选择多元化发展，是因为主业在中国市场已经取得了一定的发展，寻求新的增长必须进行国际化市场发展，因为缺乏对国际市场的认识和进军国际市场的信心与勇气，许多企业选择了多元化发展。

表象之争

多元化真的是众多中国企业失败的原因吗？那么，为什么 GE、维珍、百事等国际企业依然保持持续增长？同时，随着经济全球化，越来越多的国际企业选择了多元化发展以寻求未来的发展，如微软介入信息产业、新闻出版集团进入 IT 业等。我觉得单纯将企业扩张失败归结为多元化发展是错误的。

万科、华为等选择专业化发展的企业取得了稳定增长，但并非选择专业化就必定能够取得增长，健力宝、铁本等企业同样遭遇了失败，国际企业中如索尼、施乐等主业亦遭遇挫折，重新寻求发展机会。

无论多元化，还是专业化，都不是促进企业发展的真正原因，资源分散使得企业无法聚焦于主业发展，而过于依赖专业化发展则可能使企业失去未来。那些认为专注于单一产业便可以使中国企业走出困境的论断是错误的。

对众多成功国际企业进行深入系统的分析后，我们发现支撑企业发展的是战略理念，而不是专业化或是多元化。如果对未来没有清晰的认识，并制定明确的发展战略，专业化发展同样将面临失败。

中国企业要走出增长困境，必须走出多元化与专业化发展的表象之争，把握促进企业发展的真正核心。

战略突破困境

无论多元化，还是专业化发展，都无法促使中国企业走出增长困境，那么，问题的核心到底在哪里？中国企业如何才能够走出增长困境呢？

成功走出困境的国际企业

事物发展的背后必定有规律，一旦掌握这种规律，就能够取得预想的成功，同样，一旦违背了规律，失败将不期而至。企业如何走出困境也一定有规律。

如何走出增长困境？这是中国企业急需解决的问题。在第一章中，我们已经知晓中国企业陷入困境的主要原因：一是对外界环境的变化没有引起足够的重视，在新的竞争环境下，没有采取新的运营方式；二是经营观念没有发生变化，仍然延续过去的经营理念与模式。几乎所有陷入困境的企业都源于这两个原因。IBM 由于固守大型计算机市场，而错失个人电脑市场。卡洛斯·戈恩接手日产时，日产因专注于市场份额而忽视其他市场因素，已经连续 10 年没有取得任何增长，亚洲金融风暴更是使其发展无望；同样，奥利拉掌管诺基亚时，诺基亚由于适应不了外界的变化被称作为"漏洞百出的破船"。但是真正杰出的领导人具有扭转局面的能力，正如一名管理专家所说：无论抓到什么样的牌，他们都有能力赢得胜利。郭士纳、卡洛斯·戈恩、奥利拉正是这样的领导人，于是 IBM 重新成为 IT 行业的主导者，日产赢得了在汽车工业中的重要地位，诺基业超过摩托罗拉成为手机行业的领头羊。

失败有规律，成功同样有规律，如果中国企业能够从这些成功走出困境的案例中获取规律，必定将有一批中国企业成功突破增长困境，成长为具有国际影响力的企业，促进中国经济的全球化发展。

现在，让我们看看郭士纳、卡洛斯·戈恩、奥利拉是如何率领 IBM、日产以及诺基亚走出困境的？

郭士纳率领 IBM 走出困境

1993 年，郭士纳接手 IBM 时，IBM 正在因为错失个人电脑业务于困境中挣扎，财务状况一团乱麻，处于严重亏损之中，公司上下依靠榨取 S/390 产品的利润维持生计。公司内外的行业专家们认为 IBM 只有分割成多个独立的小公司，才能够应对所处的困境，多种信息透露：IBM 面临着严重的生存危机。

查尔斯·莫里斯和查尔斯·菲格森在《电脑大战》一书中说："IBM

已经不可能再继续成为工业界的主力军了。比尔·盖茨这个让工业界所有人既爱又恨且难以接受的软件业巨头，曾经在不设防的时刻说过，IBM‘将在几年之内倒闭’。盖茨的话或许是正确的。自1980年以来，IBM始终是一个失败者，一个几乎在所有电脑技术领域都落后的失败者……传统的大型电脑并没有在一夜之间消失，但它们却无疑是过时的，它们曾经在其中领跑的王国也已经萎缩。当猛犸占领森林的时候，雷龙已向泥潭深处走去，总有一天，雷龙将彻底消失在泥潭之中。”与此同时，所有的媒体都对IBM的未来抱以悲观态度。

IBM陷入困境是因为没有能够把握住电脑产业的发展趋势，因此，许多人希望能够找一位技术专家带领IBM走出困境，郭士纳不是，但他曾经是IBM的客户，深知客户的需求，这正是IBM得以东山再起的最重要原因。

上任初期，郭士纳并没有急于从追求短期效应的战术上寻求突破，而是对企业的整体发展提出了战略性的建议。他抛开外界将IBM分割成多个相互独立公司的建议，保持了公司的完整性，并且改变了IBM以往的商业模式，使其由一家制造型企业转变为服务型企业，正是缘于这些战略构想，IBM今天才重新站在IT行业的最前沿。除了降低S/390产品的价格以获取公司发展急需的现金流，郭士纳做出的所有决策都是为了整体战略服务的，而这一切的依据是电脑行业发展的趋势与顾客需求。

郭士纳在其自传中将IBM的复兴传奇归结为两大赌注：一个是对行业发展方向的赌注；另一个是对IBM自身战略的赌注，前一个赌注又是为后一个赌注服务的。众多专家认为信息技术产业是一个趋向分散性的行业，郭士纳却从客户需求的角度揣测整个行业发展的趋势，他认为在未来客户会越来越重视那些能够提供整体解决方案的企业，而芯片、软件、专有系统以及其他的东西都会衰亡，信息产业将转变为以服务为主导的行业，不再是技术为主导的行业。出于这样的考虑，维持IBM整体性的意义就显得不同凡响：如果顾客需要一个集成者来帮助他们设想、设计和建立一个终极解决方案，那么扮演集成者的公司必须对整个决策都发挥着极其重要的影响，从主机设备到硬件和软件选择，而这一切正是IBM区别于竞争对手的独特优势。这同时也是信息技术产业发展史上一个重要的转折点：服务型公司替代技术型公司成为行业标准新的制定者。成为全球最具影响力的IT服务企业正是郭士纳最初为IBM制定的战略目标。

通过组织结构调整、商业模式重建以及营销观念变革等，郭士纳率领IBM走出生存困境，并逐步实现了战略目标，使IBM重新站在美国商业的最前沿。

卡洛斯·戈恩复兴日产

1999年，卡洛斯·戈恩被推荐为日产的COO，在此之前，他曾经在米其林轮胎公司和雷诺汽车公司任职，是一名声名远扬的“成本杀手”。当雷诺与日产正式确立合作关系后，戈恩被认定为复兴日产的最佳人选。

当戈恩来到日产时，日产的问题很多：效应差、过度的市场占有率意识、混乱、责任不明确……这一切将日产带到濒临破产的境地。戈恩形容说“日产站在即将燃尽的甲板上”。

日产曾经是日本汽车业的骄傲，1974年占据日本轿车市场的34%，然而由于过度关注市场占有率，对决定市场发展的主要因素——顾客需求却缺乏一定的认识，此后，日产的市场占有率持续下降，1999年甚至下跌到19%。海外市场同样陷入困境，市场占有率仅为4.9%。令人难以接受的事实是日产连续十年没有获取任何效应回报，所有的员工都已经彻底厌烦了效应持续低下和债务持续膨胀的状况。

了解了一些情况后，戈恩作出了两项决策：一、所有日产人都必须为公司的复兴做出贡献；二、将日产重新塑造为一家高效应的汽车设计、生产工具与销售公司。前一个决策是他给日产人提出的要求，后一个决策则是他为日产制定的战略目标。对于日产人来说，在效应低下和责任混乱的情况下，他们最需要的是一个清晰准确的企业发展方向，由于缺乏方向才使他们变成一个缺乏向心力的群体，戈恩深知其中道理。

为了实现自己制定的目标，戈恩不放过任何相关信息，他认为日产之所以始终没有走出困境，是因为以往日产人只看到问题的某个局部，“他们只看到一幅画的一个角落”，因此无法制定出适应企业发展的整体战略，判断企业发展方向是否正确需要完善的信息支撑。

对信息充分掌握之后，戈恩开始制定实施战略目标的计划，他运用了跨功能小组（CET）管理方式，这是他在米其林和雷诺公司时常使用的管理方式。跨功能小组的核心任务是掌握市场和顾客需求，搭建跨功能小组的原理是：不论是成本控制、产品品质，还是交货周期等都不是一个部门能够单独控制和解决的，而跨功能小组则可以解决这一切。

1999 年 7 月，在戈恩的率领下，日产成立了 9 个跨职能小组，分别负责事业发展、采购、制造、物流等不同项目，不论所在小组的项目任务是什么，他们拥有共同的目标：发展事业、提高效应和削减成本。经过 CET 三个多月的努力，1999 年 10 月 18 日，日产的复兴计划（NRP）终于发布，戈恩的演说赢得了所有媒体的认可，他们为 NRP 的大胆而折服，一夜之间日产的复兴计划成为日本人最为关注的话题。

日产复兴计划涉及了财务、组织结构、出售非主业资产以及资源再配置等多个方面，所有这一切都为了戈恩的整体战略目标：成为最具效应的汽车制造公司。在复兴计划实施的过程中，日产人在戈恩的带领下背水一战，关闭了多家工厂（这在以往是日本公司难以接受的）、出售了所有非主业资产、压缩采购成本（日本的钢铁业因戈恩的到来发生了一些变化），等等。同时，戈恩还注重对未来的投资，将所有出售资产所得和压缩成本所得全部投入到新车型的开发上，通过一系列的措施，日产在世界上逐渐恢复了强有力的竞争地位。

奥利拉扭转诺基亚亏损局面

约玛·奥利拉于 1992 年 1 月成为诺基亚集团的首席执行官，在此之前，他曾经带领诺基亚的移动电话业务取得辉煌的成就。诺基亚的移动电话业务一直发展很好，但取得全球领先地位还需一定的努力。1991 年对于诺基亚来说并不令人满意，公司因为投资失误陷入了亏损状况，以至于奥利拉成为集团的 CEO 时，一些媒体说他“开始为一只漏水的船只掌舵”。

奥利拉上台之初，迅速对诺基亚所涉及的各个产业进行了评估，将不适应企业未来发展的业务全部出售与转让，包括诺基亚人比较看好的电缆业务。但这一切只是提升了企业的运营效率和赢得了流动资金，对于诺基亚能否走出增长困境却没有很大帮助，促进企业发展的毕竟不仅仅是效率，而要具有一个清晰明确的战略，任何缺失方向的经营对于企业的长久发展来说都意义不大。于是，1994 年，奥利拉在香港召开的董事会战略会议上提出了他的战略构想：将业务集中在移动电话和电信两大产业，并成为移动电话的全球冠军。

1994 年是诺基亚成长为一家国际化企业的开始。奥利拉对诺基亚的贡献在于其把握了移动电话行业发展的趋势和消费需求，从而在移动电话从专用电子产品向大众消费品转变的过程中掌握了机会，1994 年至 1995 年其间诺基亚的手机业务连续两年实现成倍增长，一举超越全球移动电话霸主摩托罗拉，成为新的领军企业。

当奥利拉看到手机的大众化时代即将到来时，诺基亚对产品的设计提出了更高的要求，应该说手机成为一种时尚，半数以上的功劳归功于诺基亚。

对于行业发展趋势的准确把握是诺基亚成功的主要因素，同时根据市场需求，诺基亚将运营重心放在产品、品牌和服务三个领域。与诺基亚相对应的是由于没有很好对行业发展趋势做出判断的原全球领先移动电话企业摩托罗拉，从 1995 年开始便不停地走下坡路。

紧接着，诺基亚又以敏锐的洞察力看到了手机行业的新的市场需求：顾客更换新手机的频率越来越快，于是他们在手机外观、材料、颜色、界面设计等方面进行不断创新，以确保引领时尚，诺基亚在移动电话领域的地位更加巩固。

通过出售非主业资产、产品创新等，诺基亚成功走出亏损，并成长为全球移动电话领导企业，在整个 90 年代后期，诺基亚是全球增长最快和投资回报最高的企业之一，这一切得益于奥利拉 1994 年制定的战略目标。

我们需要学习什么

案例的作用并不在于案例本身，我们研究案例也不能仅仅从案例的字里行间推断结论。案例的意义在于其能够揭示某种规律，而掌握这些规律对于企业的发展来说极为重要。

以上的三个案例都揭示了一个规律：一旦企业陷入困境，从某个局部进行调整是没有意义的，只能够解一时之困，而不能除长久之患，要获得持久发展，必须在战略层面上进行全面调整。这就是问题的本质。

为什么外界一发生变化，许多中国企业便陷入困境？为什么他们不能够迅速调整战略，走出困境？因为他们以往的成功不是战略性成功，因此他们无法站在战略层面上对困境进行思考。

那么，何谓战略性成功？战略性成功是顺应发展规律，对未来拥有明确的思考和把握，是建立在缜密而严谨分析之上的成功。许多中国企业只看到了某个行业的利润，而没有考虑到该行业的发展趋势以及自身的能力和目标，盲目进入一些不适应自身发展的行业。

由此看来，我们需要学习的是如何进行战略规划，而不是关注短期效应，从企业的长远发展出发，真正做到可持续性发展。

战略：困境之中企业的出路

企业陷入困境的主要原因在于适应不了外界的变化、对未来做出了错误的判断，或是过于相信自身的能力。企业的困境是由于战略的失误引起的，这时需要从企业发展的方向进行调整，许多中国企业面对困境时却首先考虑成本与业务收缩，或是将企业的失败归结于运营能力的缺失。事实上，中国企业在效率、人力资源以及产品品质等方面已经逐渐达到世界同步水平，最大的问题是经营企业的观念需要更新和调整。

郭士纳、卡洛斯·戈恩和约玛·奥利拉在面对困境时给我们提供了一个提示：一旦企业面临困境，则必须对企业的整体战略进行调整，给所有员工一个清晰而明确的战略目标，从而使他们重新回到企业发展的轨迹上来。战略是企业走出困境的唯一出路。

中国企业要走出增长困境，必须走出过去的机会主义心态，慎重对待外界市场的变化，对资源进行重新配置，在战略上进行突破。韦尔奇2004年在中国传道时曾说："当前中国许多优秀企业面临的困境正是战略的困境。在充满不确定因素的产业环境下，中国企业应通过战略管理来保持生存和发展，在全球化扩张中实现持续平滑的增长。"真可谓一语中的。

总之，中国市场的战略时代已经到来，中国企业要突破增长困境，必须全面调整经营观念，抛弃过去的成功，走上战略之路。反之，则失败是无疑的。

第三章
企业增长之道
——走上战略之路

从纷繁复杂的表象中挖掘促进企业发展的本质因素，成为企业领导人必须具备的技能，尤其是在今天这个变化无常的商业时期。老子说："天下难事，必做于易。"也就是说任何困难的事都会有简单的解决方案，对于战略，同样应该如此。

事物的发展必然遵照事物自身内在的规律，同样如此，战略的成功与否取决于企业对战略规律的遵从！

未来的市场之中不存在相互竞争，企业比拼的是谁发展得更快。今天将对手打败了，明天自己却灭亡了，又有什么意义？企业最好的生存方式就是发展。

战略规划涉及了许多因素，如果拘泥于外界环境的种种细微变化，则可能永远也制定不出企业发展战略。从纷繁复杂的表象中挖掘促进企业发展的本质因素，是企业领导人必须具备的技能，尤其是在今天这个变化无常的商业时期。

老子说："天下难事，必做于易。"也就是说任何困难的事都会有简单的解决方案，对于战略，同样应该如此。

⊙奥卡姆剃刀法则

在影响人类思维的诸多重要法则之中，奥卡姆剃刀法则追求简单："把一切多余的都去掉，如无必要，勿增实体。"

战略规划学进入中国多年，但目前国内关于战略的理论都趋于复杂，学者总是将事情复杂化视作为自身能力的体现，他们的战略理论对于中国企业的发展几乎没有帮助。

因为复杂是无法解决问题的，真正促进企业发展的理念都是简单的。

根据对国际成功企业战略的解读，任何企业战略的制定都可以从几个要素展开，这些要素包含了战略规划所需的一切。同时，战略必须清晰明确，不能够运用简洁明了的语言分析和阐述的战略不是好战略，因为，一旦它无法让员工理解，那么在执行过程中必定将存在许多误解。

战略规划必须简洁、易懂，因此我们必须学会使用奥卡姆剃刀，将一切多余的统统剔除。对于企业发展战略规划，什么是有效的？什么又是无效的？这才是企业领导人真正需要思考的问题。

⊙战略规则决定战略成败

中国企业界存在着一个怪现象：许多企业成功了却不知道自己为什么能够成功，同样，许多失败的企业也不知道自己为什么会失败。探讨战略正是为了解决这两个问题，而我所做的一切努力，也只是为了告诉众多的中国企业：他们为什么会取得成功？又为什么会走向灭亡？并探寻企业如何进行战略规划与实施。

在分析企业战略的过程中，我发现以下三种发展方式是中国企业选择最多的：一是寻找一个具有发展潜力的行业迅速切入，并集中资源将这一产业做好，如万科从商贸公司转移到房地产业、诺基亚从一个木材公司转变为今天的电信运营商，这便是专业化；二是将鸡蛋放到不同的篮子里，走多元化道路。这样的企业占据很大一部分，如海尔、TCL，最具代表性的是韦尔奇领导下的通用电气，他们分别进入多个领域，寻求突破；第三种介于前两者之间，即进入新的产业以后，以往获得成功的基础产业也不放弃，这种情况不属于专业化战略，定义为多元化也不合适，我将之定义为二元发展模式，如东方希望在饲料产业稳定的基础上进军铝电产业，两者都很强，甚至形成互补效应，我后面将要分析的中大集团也是如此。

这三种选择都是由企业自身的能力与外界的环境决定的，我并不赞成企业一定要走专业化，尽管诺基亚的专业化很成功，但通用电气乃至更多的企业通过多元化取得成功（即便是短期成功也证明多元战略是可以促进企业发展的），重要的是企业是否具有适应多元化发展的运营体制与管理理念。再说，专业化经营失败的企业也数不胜数，索尼的电子产业近年来遭遇了严重打击，施乐的打印产业不时被竞争对手超越，中国联通选择 CDMA 增加了资金负担，中国电信的小灵通业务因为技术原因必定将被淘汰，等等。

企业的成败并非由其选择专业化还是多元化经营决定的，而取决于其发展战略是否符合行业发展趋势与市场需求，以及自身的资源是否具有实施这一战略的能力。许多中国企业多元化发展失败的原因是没有站在行业的高度上看问题，并缺少多元化发展所需的资源与能力，仅仅出于自身做大做强的愿望。

决定企业战略成败的根本原因是战略的基本规则，而不是企业自身拥有多少资源，或是资本。许多企业进行战略规划时无视战略规则而仅仅依赖于外界的机会，如近年来形成潮流的民营企业重型化，纷纷选择钢铁、铝电等重工业产业，这些企业并没有关注这些产业对社会发展的影响，而是期盼在国家对这些产业政策放宽时大发横财。鄂尔多斯集团董事长王林祥的话揭露了这一企图："政府开始不让干的事自己先搞，一放开就搞上去了"，就是说国家发改委不批也要先上了再说，这完全是一种机会主义心态，王的话透露出民企重型化企业家整体的心态。可以说，这些企业家在赌博，尽管长江商学院教授、战略专家曾鸣说"大赌才能大赢”，但这样的机会主义是很难大赢的，于是2004年在国家发改委的叫停中，常州铁本成为牺牲品，其他企业或收缩或停顿或与国企合作。选择非市场化的产业本身便是战略失误。同时，重型产业完全市场化亦并非一件利国利民的好事。

目前，仍然有许多企业将自身的失误归结于政策等外在原因，这其实是一种严重的战略误区，不能够适应环境发展的战略本身就不是正确的战略！

战略规则决定战略成败，任何违背战略规则的战略规划，最终都逃不脱失败的命运。

战略突破模式：三大规则与三个层面

尽管企业失败的方式各不相同，失败的原因却是相同的：战略失误。青岛啤酒迅速扩张导致成本失控、小鸭集团的多元化促使企业内部资源失调、德隆盲目扩张使得企业运营所需资金紧缺，等等。有些企业迅速调整了战略走出了误区，得到了新的发展，如金志国上任后迅速调整了青岛啤酒的运营战略，取得了一定的成效；另一些企业则因无回天之力而被迫宣告破产或进行资产托管，如曾经辉煌一时的德隆。总之，这一切喻示战略背后有着一些规律在制约着企业的发展，一旦脱离了这些规律，企业必将走上消亡之路。

这些规律是任何一个企业在进行战略规划的过程中都必须遵循的规则。

结合一些国内外成功和失败的案例，并根据亨利·明兹伯格、格里·约翰逊、迈克尔·波特等战略大师关于企业战略的理论，依据奥卡姆剃刀法则，我认为企业战略规划必须遵循以下三条规则：

适应行业发展趋势，促进行业完善与发展

企业战略必须要适应行业发展趋势，一个企业脱离了其所在的行业，结果可想而知，例如IT业已经逐渐向服务业转型，而一些企业仍然守着制造业不放，可以预见，消亡或是成为其他企业的附庸将是他们最终的命运。适应行业发展趋势已经决定着该企业获得了生存下去的权

力，但并不代表其能够获得迅速发展。

通过对诸多国际企业高速发展历程的分析，我们发现企业取得飞速发展的阶段不仅把握了行业发展的趋势，还在原有的基础上促进了行业的发展与完善，如福特首先运用流水线生产T型车，为轿车的大众化发展做出了杰出的贡献；戴尔的直销模式为消费者提供了更方便更具价值感的服务；惠普的打印系统也为数码成像产业带来飞速发展的契机等。那么，如何才能够做到这一点呢？我认为战略规划过程中企业必须了解两个部分的内容：宏观环境和行业现状。

宏观环境决定着行业的发展趋势，包含着广泛的因素，亨利·明兹伯格将之细分为人口、经济、法律政策、社会文化、技术与全球背景六大方面，这些因素还在不断的发生着变化，成功的企业总是不断的收集、分析相关的内容与信息，深入了解宏观环境的各个方面，以便把握行业发展动向。然而随着经济的全球化，我们的处境越来越复杂，要准确的把握它们异常困难，对于企业来说，关键在于能够迅速洞察那些影响行业发展的决定性因素，如影响重工业行业发展的关键因素是国家政策调控的力度，铁本等企业没有把握住这一点，因此导致了战略决策失误。

行业状况相对简单，首先消费群体决定着行业的发展与否，消费需求的变化可以迅速改变一个行业的状态，而供应商、替代产品、潜在进入市场者以及已有同行业企业等都能够引起行业的变化，如供应商的原料价格一旦上涨，必然会引起行业内企业的利润压缩，从而导致行业整体发生变化。

要适应行业发展趋势并促进行业发展，则必须深入了解宏观环境与行业状况，也只有在此基础上的战略才是真正具有发展意义的。

行业发展的变化是有规律的，并非一夜之间爆发的。优秀的领导人必须掌握行业发展的规律，以洞察行业的发展趋势。针对多个行业进行系统分析之后，我发现行业发展主要呈现以下几种状况：

行业结构逐步细分：随着行业的不断发展，越来越多的企业将对行业构成进行细分，如个人电脑业逐渐分为硬件提供商（戴尔、康柏等）、软件提供商（微软等）、整体解决方案提供商（IBM）等。不断细分是每个行业发展的趋势，企业一旦预见性的把握其中的一个方向，则发展将成为必然，思科正是把握了网络产业发展的契机（提供路由器）而成长的。思科最初正是由于把握了网络时代到来的趋势而迅速发展的，思科最初的产品是多协议路由器，这是一种专门为互联网提供“管线”的计算机，它能够对数据包进行分类整理并把它们发送出去，思科这种独特的、原创性的产品大大推动了计算机网络化的发展，同时思科也得到了迅速的发展。

技术革新：新技术的出现是促进行业发展的主要原因之一，因此，作为企业的领导人必须关注自身行业中的技术性变革，错过一项技术则可能错误一个产业，如中国一些录音机生产厂家没有关注行业的发展趋势，当 VCD、DVD 等产品风靡市场时，这些企业纷纷面临破产。

行业重心转移：一些行业的发展可能通过重心转移的形式来体现，个人电脑产业便是如此，在个人电脑业务刚刚兴起时，制造成为行业的重心，随着人们对电脑使用要求的不断提高，软件成为行业的重心，微软与英特尔成为行业的主宰，当客户需要提供整体解决方案时，郭士纳当年的努力使 IBM 重新登上行业巅峰。

运营方式变革：新的运营方式的出现也是促进行业发展的主要原因之一，西方企业界近来关注的“转型”便是提出对商业模式进行调整，以适应市场与行业发展的需求。服务性行业兴起的连锁经营模式便大大促进了整个行业的发展。

符合市场发展需求，为顾客创造价值

促进行业发展却不能够满足市场消费需求，战略依然是无效的，如果新产品的价格超出了顾客的消费能力承受范围，或是不适应现阶段人们的使用需求，如西方先进的庄园都采用微型飞机进行农药喷洒，大大提升了效率且促进农作物的自然性生长，然而对于我国分散性的小农种植却难于操作。也就是说企业战略必须符合市场需求，为顾客创造价值，任何企业一旦脱离市场必定难以发展，以市场为导向、创造顾客价值是企业得以发展的保证。

企业战略的制定需要关注行业发展过程中的每一个细节，尤其是消费者需求的变化。消费者认知是在不断变化的，今天汽车是人们代步的工具，明天则可能成为身份的象征。消费能力的不断提升、替代产品的出现等都可能使消费者的需求发生变化，因此在战略规划的过程中我们需要随时掌握市场发展趋势与消费动向，以便为顾客提供创造性的价值，甚至引导消费潮流。如微软的 Windows 产品已经成为数字化办公必不可少的工具，而其不断推出的新产品在不断提升人们的工作效率。符合市场发展需求，为顾客创造价值是战略规划必须遵循的重要规则，一旦缺乏市场需求，则可能导致整个行业丧失发展空间，如随身听整个产业随着 MP3 的兴起而走上消亡之路。

消费需求是市场发展的决定性因素，随着消费者消费观念的日渐成熟，市场的需求通常会发生一些变化，这些变化为企业制定战略提供了依据：

市场需求进一步细分：不同人群的需求是不一样的，行业的发展必然是为不同的人群提供不一样的产品，如服装产业，成年女性与未成年女性需求的产品是不一样的。市场细分是必然的，任何一家企业都必须面对。

市场需求的标准发生改变：消费者评估产品与服务的标准是不断改变的，如汽车保养与维修业，最初人们评估服务的标准是维修站所使用的设备，今天随着私家车增多，人们评估的标准发生了变化，服务变得更为重要。

掌握市场需求发生的变化，对于企业制定正确的战略极其重要，翔标公司正是通过市场的细分而迅速发展，并跻身于 2004 年美国 100 家最优秀快速成长的小公司之一，排名第五。当梅西百货公司的前高级经理朱利安·盖格来到翔标公司时，它还是一家默默无闻的小公司。在盖格以 1 400 万美元将之收归己有后的 8 年里，翔标公司焕然一新，业务蒸蒸日上。取得这样的成果得益于盖格准确地把握了市场需求，与其他服装公司不同，翔标只为十几岁的女孩子提供服饰。为了取悦这一群体的喜好，盖格一方面开发时尚活泼的休闲款式，一方面修改过于暴露的成人服饰。为此翔标公司成立了专门的市场研究部门，以及时把握小女孩的需求，挖掘孩子们喜欢的服饰。同时还关注孩子们的口袋，因此在适合的价格下提供产品，成为翔标公司取得快速发展的原因之一。总之，翔标公司的成功很简单：遵循市场需求制定发展战略。

麦斯威尔的现成咖啡则因为没有关注消费者的客观需求而失败。

1990年，麦斯威尔推出了盒装的现成咖啡，这些盒装咖啡放在超市的冰柜里销售，代表着“享用咖啡丰富口感的快捷新方式”，包装则说明该咖啡需要用清水煮制而成，同时保证咖啡的香味保存完好，唯一的缺点是这种产品不能够在微波炉里加热。可以说这种现成咖啡迎合了一大群消费者的需求，但是购买这一产品的消费者是谁呢？是一些注重时间效应的人士，他们不愿意花工夫去煮咖啡，同时又不愿意喝冷咖啡，最终，该产品以失败告终。

适应企业发展需要，创造企业可持续增长

可持续性发展是战略的重心之一，战略必须建立在企业长远回报的基础上，不能够为企业带来长久利益的战略是失败的，目前许多企业过于注重短期利益，盲目进军一些快速利益化的产业，期望从中获利，对未来的长久发展却没有明确的规划。许多中国企业进军房地产业，看中的是房地产业的迅速发展能够带来高额回报，对房地产业未来发展的趋势却少有理解，也缺乏长久的规划，今天挣一笔钱后明天却不知道何去何从，这样不能够称之为战略。

实施可持续发展战略，必须关注两点，一旦企业陷入这两点之中，可持续发展的目标将成为幻想：

一、符合企业短期利益，但不适应长期发展

少有企业在利益面前无动于衷，中国市场充满了机会，于是多元化发展形成趋势，然而企业发展不是今天辉煌明天破落，如果不注重企业自身的核心能力的培养，盲目的追求短期利益，一旦竞争加剧，所有的成功将变成过眼云烟。

许多企业的并购战略便是出于短期内盲目求全求大的心理，而没有关注企业的长远发展，如青岛啤酒又传来新的扩张即将开始，实在令人担忧。

在追求短期利益回报上，最具代表性的案例应该是中国电信的小灵通项目，在中国移动与中国联通在移动业务节节增长，为在移动业务市场分一杯羹，并为未来的3G牌照铺垫，中国电信全力推出小灵通业务。目前小灵通业务取得了一定的发展，也无可非议的为中国电信塑造了移动业务运营商的形象，应该说短期内中国电信因为小灵通业务似乎

取得了一定的发展，然而我们分析通信行业的发展状况，很容易便知道小灵通业务是中国电信的一个错误的战略决策：（1）小灵通是一种变相的移动业务，缺乏一定的技术与支持，难以拥有很大的市场空间，更多的局限于固定于一地的用户，同时随着中国移动与中国联通2G的价格逐渐下调，小灵通的优势将逐渐丧失，我相信一旦3G业务兴起，2G业务进一步普及，则小灵通必将走入同时缺乏技术与市场的两难境地；（2）中国电信期望通过小灵通来争取未来的3G牌照，同时培养客户群体，只是3G是高端移动技术，用户多为商务人士，费用也相对较高，而目前小灵通的消费群体大多为低端用户，消费理念差异很大，恐中国电信难以如愿。

二、目标过于远大，企业自身无法实现

企业自身资源状况决定企业战略发展，进行企业战略规划时必须考虑企业自身的资源与能力。许多企业把握了行业的发展趋势以及市场的消费需求，却制定了一个过于远大的战略目标，最终由于缺乏一定的资源以及运作能力而失败，如第八章讲述的TCL面临困境的案例，正是由于战略过于远大，企业缺乏实施的能力而失败的。

一旦战略目标过于远大，企业无法实现，对于企业的持久发展是不利的，首先许多资源因为实施不切实际的目标而浪费；其次，在实现这一目标的过程中，外界环境发生了一定的变化，重新寻找新的增长机会将很困难。因此，企业必须对自身资源拥有一个清晰的认识，尊重事实，明确自身的优劣势，因不能够正视自身劣势而走上扩张和多元化发展之路，最终以失败告终的企业很多。企业自身的资源与能力决定着企业的战略选择。

行业发展趋势、市场价值需求和企业的长远发展三者决定着企业的发展战略，符合这三个法则，企业便具有发展的可能性，而违背了这三项规则，企业必定难以顺利发展。

企业战略的三大规则决定着企业的战略选择，一旦确定了企业的整体战略，还需要对之进行细化并转化为执行，得不到执行的战略是毫无意义的。要将战略转化为执行，必须了解战略在企业内部中的不同层面，只有这样，才能够将企业战略转变为企业内部各部门需要解决的问题。

战略需要在不同的层面上展开，确定好企业发展战略之后，明确企业发展方向，如何在不同的层面上对战略进行分解与规划执行成为主要问题。

格里·约翰逊和凯万·斯科尔斯在他们的经典之作《战略管理》中将企业战略分为三个层次，分别为公司层面战略、业务单位战略和运营层面战略，结合中国企业的实际情况，根据他们的解释我将业务单位战略改为营销层面战略，着重于市场的开拓与发展，这是符合目前众多中国企业的经营现状的。

公司层面战略

公司层面战略关注的是企业的整体发展，界定企业未来期望达到的目标，确定的是企业的发展方向，对营销层面战略与运营层面战略具有主导作用。一个企业只有拥有了明确的发展方向，经营才有意义。同时一旦确立了明确的战略方向后，不宜时常变更，随意改变企业战略的企业是很难获得持久成功的。国内地产领军企业万科将自身的公司层面战略界定为“建筑无限生活”，于是营销层面战略与运营层面战略都围绕着这一主旨展开，且“建筑无限生活”必定成为万科不会轻易改变的战略主张。

营销层面战略

营销层面战略关注的重点是市场，即企业如何在目标市场上取得一定的地位与回报。营销层面战略必须是为实现企业战略而努力，是将公司层面战略转化为行动的策略。例如中大汽保产业从制造业向服务业转型，其建立千家快修连锁店的营销策略正是为了全力支持这一转型。拥有市场才拥有发展的空间，因此企业的营销战略必须在整体战略的指导下注重消费需求与市场细分，为顾客提供独特的产品与服务。公司层面战略决定了企业的发展方向，营销战略则为实现这一方向提供了可能性。营销战略一旦失误，则一切愿望都将无法实现。

运营层面战略

企业内部的经营与管理是运营层面战略的重心，通过有效的内部资源整合成为公司层面战略与营销层面战略的支撑。在很多情况下，运营战略决定着企业战略的成败，如果企业的运营能力跟不上，那么制定的企业战略势必难以得到实施。运营层面战略涉及到企业内部的人员、制度以及观念等，是战略执行过程中最重要的部分。

公司、营销、运营三个战略层面构成了完整的企业战略，并将战略转化为企业各部门需要解决的问题，使战略成为可以实施的内容，有利于战略的实现。这三个层面的战略是相辅相成和相互牵制的，公司层面战略决定营销战略与运营战略，运营战略又是公司层面战略得以实施的保证。总之，三者是统一且不可分割的，任何将这三者分开对待都是错误的。

战略突破模式

战略规划的三大规则与实施的三个层面，为我们提供了一套解决企业发展战略的管理模式，我称之为战略突破模式，如图 1 所示：

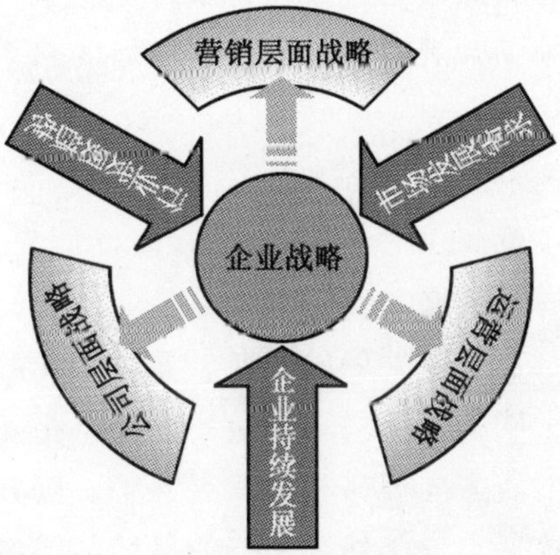

战略突破模式

突破模式是企业走出增长困境与寻求发展的经营模式，它遵循战略发展规则。一旦运用了突破模式，我们将会对企业未来的发展拥有一个清晰的认识，同时赢得了一个与外界同步发展的平台。

更为重要的是战略突破模式为我们揭示了企业战略本身包含两个方

面：规划与执行，二者缺一不可。优秀的战略规划必然包括执行，同样执行也会充分反映出战略是如何规划的。许多企业是将这两者分开的，运用战略突破模式，这种现象将难以出现，因为它传达出来的是一个整体概念。

如何运用战略突破模式检验企业发展战略

我们已经知道战略的三大规则是企业制定战略的依据，战略规划中的三个层面是将战略转化为执行的基础，战略的三大规则与三个层面不仅是战略规划与执行过程中的依据，还是检验企业已有战略的工具。本书的目的不仅是为企业提供制定战略的方式，而且还希望为企业提供一套检验目前战略是否正确的工具。

评估其实是对企业战略进行重新思考的过程，对于今天这样一个快速变化的世界来说，不时对企业战略进行评估是必要的，每个企业都必须擅长进行企业战略评估，从而及时根据外界的变化迅速调整企业发展战略。

要分析一个企业的战略是否正确，就得从两个方面展开：一、企业战略是否符合战略的三大规则；二、企业战略的三个层面是否符合企业发展战略的需求。

1．三大规则检验企业发展战略

对于企业已有战略的判断，首先看方向，如果方向错误则全盘皆输，因此，首先是通过战略的三大规则对企业所处行业与市场环境进行系统分析，确定出符合企业发展的方向。如果企业的战略目标是符合这一方向，则战略是正确的，反之，则是错误的。企业战略方向是一切的基础，如果企业的发展方向偏移行业发展趋势，则发展必定无望。许多企业并没有意识到这一点，仍然无视行业发展与市场需求的变化，根据自身的意愿进行企业发展规划。

如服装行业的发展趋势是市场进一步细分，针对不同的消费群体提供不同的产品，而一些企业却盲目求大求全，导致战略定位极度不明确，那么造成失败是难以避免的。

2．战略的三个层面检验战略实施

战略的三大规则决定着企业战略方向的正确与否，但企业战略正确并不意味着企业就此一帆风顺，如果在营销战略与运营战略两个层面上得不到执行则同样无效。许多企业有着良好的愿望，却不能够实现，因为公司的营销战略与运营战略所需要的资源不能够得到很好的匹配，因此难以支撑整体战略的执行。

运用战略的三个层面检验企业战略的最佳方式是在正确的企业战略主导下，明确三个层面上的战略内容，与企业现有的三个层面战略进行一一对比，我们便判断发现企业的战略实施是否合理。通过战略的三个层面，我们可以很清晰的发现企业战略执行的失误出现在哪一个层面上，从而可以进行及时的调整，进一步促进企业的发展。

战略的三大规则决定企业战略适合与否，任何一个企业都需要制定符合行业发展趋势的战略；战略的三个层面则决定企业能否顺利实现公司战略。这两部分构成了检验企业战略的衡量准则。或许许多人会觉得这种方式过于简单，然而我们发现在企业经营过程中真正有效的方式都是简单且易于理解的。

这也正是奥卡姆剃刀法则为什么能够成为影响人类思维的重要法则之一。

根据这样的评估方式，所有的企业都可以自发性的对自己的企业战略进行全面系统的评估，当然检验必须建立在客观的基础之上。自欺欺人的检验方式是永远都无法判断出企业战略正确与否的。

战略的基本原理：发展第一，生存第二

目前中国企业界流行一种生存论，认为企业的首要目的是生存，然后才是发展。我不认同这样的观点，我认为任何企业都只有一个目标：发展。不发展则必定将在变迁中灭亡。如何发展是每个企业都必须面对的课题，战略解决的正是这一问题。

发展是企业唯一的目标，适应外部的市场环境就能够获得生存，能够在未来的环境里获得生存就能够获得一定的发展。那些崇尚生存论的企业必定将发现发展的重要性，能够生存下去却不能够取得发展的企业最终结局仍然是被淘汰。目前中国有许多家电企业尽管在竞争中生存下来，但由于产品开发能力与市场运营能力的缺乏，最终必然将面临淘汰

的结局，除非这些企业能够寻找到一个新的战略。“发展第一，生存第二”，这是企业必须遵循的规则之一，也是企业战略的基本原理。

战略的首要问题是促进企业发展，不能够促进企业发展的战略是失败的，在未来日益复杂的市场环境中，发展是最好的生存方式，企业的战略不仅确保企业能够生存下去，更重要的是要促进企业发展。

战略不仅要促进企业自身的发展，还担负着促进行业发展的使命，行业的发展是由企业完成的，那些具有战略性眼光的企业不仅能够把握住市场发展的需求，促进自身的发展，同时还能够对行业形成促动，为行业带来新的发展。

同时，完善的战略排除竞争，战略的抉择首先是建立市场细分的基础之上的，每个企业选择战略方向时都依赖自身的资源优势，必定具有一定的独特性，战略为企业建立了一种独特性。我认为未来的市场之中不存在相互竞争，企业比拼的是谁发展得更快。今天将对手打败了，明天自己却灭亡了，又有什么意义？企业最好的生存方式就是发展。

战略其实便是对事物发展规律的把握，顺应行业发展规律，提供适应市场需求的产品与服务，企业便不必担心缺乏发展空间，一旦企业选择了正确的战略，发展将成为必然。

第二部

战略紊乱

失败者的症结

第四章
德隆为什么会失败
——实施背离战略

德隆的失败在于战略实施偏移，其失败的主要原因与大多数企业一样：违背战略原理。德隆的失败是表象，三星的成功也是表象，对战略原理的遵从才是问题的核心。

成功之后是失败，这似乎是规律。一旦成功不断来临，就极可能使人变得自负，最终失去理智，走向疯狂。德隆似乎也走在这条路上。

与众多中国多元化发展的企业不同，GE 并没有将整合能力界定为核心竞争力，而是将战略有效实施作为它的主要能力。也就是说，对于 GE 来说，并购只不过是一种运营方式，是为实现企业目标服务的。

中国企业要发展，首先要注重战略，没有战略，无论是多元化还是专业化都难免会失败。

德隆的失败已经引起了广泛的关注与讨论，大多数人将德隆的失败归结为资本运作的失误，另一些人则认为多元化是德隆失败的根源，并延伸出中国市场不能够诞生出 GE 一样的企业。这些评价似乎不无道理，但如果我们深入问题的核心，便会发现这样的评论仍然停留在表层之上，因为德隆的失败在于战略实施偏移，其失败的主要原因与大多数企业一样：违背战略原理。德隆的失败是表象，三星的成功也是表象，对战略原理的遵从才是问题的核心。前面我们通过战略的三大规则与三个层面分析了三星为什么会成功，在本章中，我们将利用这些原理来分析德隆为什么会失败。

失败的企业很多，为什么选择德隆？原因有二：一是德隆尽管最终没有逃脱失败的命运，但它是有战略的，而且德隆的战略是值得反思与借鉴的；二是德隆是国内崇尚多元化发展的代表企业，分析它的失败对于众多寻求多元化发展的企业来说具有一定的现实意义。

中国企业的多元化之痛

我不是多元化的抵制者，一旦企业具备多元化发展的能力，我会毫不犹豫地鼓励其走上多元扩张之路。尽管近年来选择多元化发展的中国企业或停滞不前，或面临失败，一些战略专家甚至由此推断中国市场不适合多元化企业的生存与发展。但是，面临增长困境并非仅仅是那些多元化发展的企业吗？又为什么越来越多的中国企业选择多元化发展？这不是专业化与多元化之争的问题，而是中国企业整体寻求突破的问题。

当以往使企业获得成功的主业面临增长困境时，企业需要寻求新的增长。在原有产业上继续壮大，还是进入新的行业是他们面前的两种选择。专业化发展必须走向国际市场，大多数中国企业缺乏这方面的能力与勇气，于是多元化成为他们共同的选择。但进入 21 世纪之后，中国市场发生了天翻地覆的变化，以往成功的经验不再有效，最终导致一批企业失败，德隆、三九、小鸭等是其中代表。

机会主义的终结

总结这些企业的失败，主要原因在于市场环境的变化使得机会主义者难以获得继续生存的权利。走多元化发展之路的企业有着一个共同的心态：在一个行业成功就可以在多个行业成功，加上中国市场机遇这么好，不好好把握"对不起这个时代"。但是，今非昔比，以往的成功经验不再有效，同时行业状况的不同也是失败的主要因素。

同样如此，那些继续专业化发展的企业也遭遇了增长困境，只有一些寻求国际化发展的企业如华为等处于增长之中。这说明，中国企业整体面临机会主义终结的危险，这时他们需要的是改变运营观念，寻求新的突破，多元化与专业化仅是企业生存与发展的形式，而决定企业兴衰成败的是战略。

多元化之惑

再也找不到比韦尔奇令中国企业家更为崇尚的企业家，再也找不出比 GE 更受中国企业模仿的企业。2001 年，《杰克·韦尔奇自传》一书在中国市场刚一推出便位居畅销书榜首，并经过十多次再版，被称作为中国企业的经营圣经。几乎中国大大小小的企业家的案头都会摆放着一本《杰克·韦尔奇自传》，这本书中最"蛊惑人心"之处在于 GE 的多元化发展模式，给当时处于增长困境中的中国企业带来了新的增长模式（在此之前，一些企业也走上多元化之路，但《杰克·韦尔奇自传》无疑促进了多元化潮流的形成）。

今天，我们来反思为什么这本书能够如此成功，会发现它正好适应了当时中国企业发展的需要，以往的产业出现增长困难，国际化发展风险过高，GE 的多元化发展模式无疑是最佳的选择。《杰克·韦尔奇自传》见证了中国企业寻求突破的强烈愿望，也见证了中国企业在困境中的迷惑。希望这种历史不再重演。

为什么中国企业的多元化难以成长？难道失去了机会，中国企业就无法继续增长？仅仅将中国企业多元化失败的原因归结为机会主义的终结是片面的，这是一个战略时代，没有机会并不可怕，可怕的是缺乏战略。

德隆是国内为数不多的拥有战略的企业，为什么没有能够逃脱失败？原因在于战略实施脱离了战略定位。

德隆败局

德隆的成功缘于资本，同样德隆的失败也是缘于资本。2004 年 4 月，德隆一直引以为荣的“三驾马车”新疆屯河、沈阳合金、湘火炬的 A 股大幅跳水，下降到历史最低点，至此，德隆危机全面爆发。一时关于如何拯救德隆的言论此起彼伏，在国内还没有任何一家企业的失败引起如此广泛的关注。

德隆系全线崩盘

尽管危机早已经潜伏在德隆身上，但直到 2004 年 4 月，所有积压的危机终于按耐不住全面爆发。4 月 14 日是所有德隆股民难以忘记的一天，正是这一天，新疆屯河、沈阳合金、湘火炬全线崩盘，德隆系股票市值蒸发超过 80 亿元。随后的几天内，德隆系股票依然处于下跌趋势，而与德隆相关的企业天山股份、ST 中燕也出现连续暴跌走势。由于德隆系以往在股票市场上的影响，整个股票市场都显得沉寂起来。

德隆系股票的全线崩盘使得所有相关者都处于紧张之中，股民、交易所以及部分银行等都忙于应付。当一个企业发展到德隆一般大的时候，考虑的已经不仅仅是自身的利益，而是社会价值。

冰冻三尺，非一日之寒

德隆的危机早在 2003 年冬天便已经显示出来。当时，消沉了多年的中国股市逐渐复苏，沪深股市一路攀升，但在这种情况下，德隆系股票除合金投资保持横盘状态外，“三驾马车”中的另外两支股票新疆屯河和湘火炬却出现了第一次大幅度的下跌，各股走势从原先的“二涨八跌”转变为“八涨二跌”的局面。此后，德隆的“三驾马车”开始直线下跌。

紧接着发生的事超出了德隆人的掌控范围，《商务周刊》于 2004 年 3 月 5 日发表了《德隆资金链崩紧》一文，使德隆成为媒体关注的重点，并使股票市场对德隆系产生怀疑，更重要的是银行界对德隆由此改变了看法和态度，给德隆的进一步贷款带来难度。唐万里在德隆崩溃后曾经将主要原因归结为该文章，可见此文引起的反响之广。这篇文章的大意为德隆长期的资本运作给德隆带来了资金压力，并对德隆的产业整合提出了质疑。

资金链问题其实早已产生，收购所需资金短缺一直是德隆疲于应付的问题之一。通过子公司相互担保的事时有出现。2003 年 12 月 9 日，湘火炬公告称，公司累计担保总额高达 21 亿多元，是 2002 年国家审计的净资产的 200％以上。2003 年 12 月 19 日，新疆屯河公告称对外担保也累计达到近 3 亿元。2004 年 3 月 19 日，合金投资的公告也显示整体担保数额超过 6 亿元。这些资金的去向很显然，同时也证实了德隆用来收购企业的资金并非自有，更多的是“巧”借。

除了相互担保，德隆另外两个主要融资渠道为资本市场的回报以及银行的贷款。由于德隆长期利用这样的融资渠道，所以一旦德隆系股票下跌，整个德隆将变成一座空的城堡。所以，德隆自救与拯救德隆的方案显得难以执行。

拯救德隆

德隆自 2001 年起成为受到广泛关注的民营企业之一，许多经济学家以及政府官员对德隆有着良好的评价，其整合模式与经营理念也为许多企业所模仿，尤其是对传统产业的关注使其成为独树一帜的企业。2004 年下半年，经济界讨论得最多的课题便是如何拯救德隆。

德隆自己采取的方式还是其以往熟悉的方式：争取信用担保和通过出售部分资产来套现，从而残存下去。2004 年 4 月下旬，德隆所有的高层领导都参与到危机管理中来，他们的努力得到了一些人和政府的支持，如工商联主席黄孟复曾对一些记者说：“工商联呼吁有关部门保护好德隆的生产企业，舆论界应该对德隆做全面分析……使它的生产企业继续经营下去，积极发挥作用。”然而由于德隆以往的贷款额度与相互担保问题过于严重，一些起实质性作用的部门没有明确表态，德隆的自救方案似乎难以成功。

引起关注的是德隆的重组方案，重组方式分为两种：打碎卖和打包卖。打碎卖指以德隆融资规模比较大、关联到四个政府的四个金融机构作为平台，重组旗下各个机构，出售部分资产、收缩战线以偿还债务。

该计划的关键之处在于获得监管部门与政府部门的认可。但许多人并不看好这一方案，因为德隆的债权债务关系极为复杂，地域跨度大，协调很难。打包卖指整体重组，采取新增股权方式缩小唐氏兄弟的股权，把德隆从一家民营企业转变为混合性企业：国有占 30%、外资占 30%、民营占 30%、德隆管理层占 10%。一些经济分析专家认为这种重组方案希望渺茫，因为德隆很难得到各地政府的支持，无法控制其区域资产的去向。同时由于负债率过高，如果新增股权，国内外企业采取分散性收购，最终还是无法实现整体重组的目的。

关于德隆去向，最尖锐的言论莫过于“宣告破产”。2004 年 6 月 21 日，《21 世纪经济报道》中的一篇文章指出：“今天的德隆进入破产可能是最好的选择。对于德隆，破产才可能有重组的希望；对于债权人，破产才能够得到公平的受偿机会；对于监管机构，破产进入司法程序才能够消弭可能的种种不安。”

最终，德隆终于以托管的方式找到了一个最佳办法，德隆人依然在努力着，希望经历过风风雨雨的德隆能够明白促进企业发展的不只是资本。

德隆的失败令太多人感到意外，时至今日，依然有许多人难以接受这一事实。不久前跟一个朋友谈起德隆时，对方还表示出难以置信的态度。

我在前面说过，德隆的失败只是表象，导致其失败的原因是背后的战略理念。而要全面了解德隆的战略理念，必须从德隆的成长说起。商业界流传着一个“蝴蝶效应”：巴西的一只南美亚马逊河流域热带雨林中的蝴蝶，偶尔扇动几下翅膀，可能两周后会引起美国德克萨斯的一场龙卷风。这样说或许过于夸张，但对于德隆来说，今天的结局必定取决于昨天的行动。

天欲其亡，必令其狂

那些快速扩张的企业失败主要源于两个“失控”：一是企业家对自身失去控制；二是企业家对企业形成的规模失去控制。德隆便属于后者，而后者的产生首先是因为前者，只有当企业家对自己失去控制时，才会认为自己有能力做任何事。这应了那句老话：天欲其亡，必令其狂。

草创阶段

德隆的起步与其他企业并无两样，利用一些机会赚取利润。不过与后来经营的红色产业一样，他们第一笔资金也来源于新疆的区域特色：彩扩业务。由于一些流行歌曲的兴起，西部成为人们猎奇观光的好去处，使得彩扩业务迅速发展，而德隆的创始人唐万新洞察了这一商机，迅速得到了第一笔原始资金。接着他们又介入了其他的经营领域：挂面厂、自行车锁厂、化肥厂等等。最终这些经营都以失败而告终，这可能是唐万新最早对实业产生恐惧。

历经各种失败后，1991 年，唐万新又开始经营电脑组装业务，当时电脑组装业务的利润很高，很快他们又获得了新的利润来源。关于德隆为什么没有继续在电脑业务上寻求突破，唐万新后来说，高科技市场不够稳定，同时需要很强的技术能力。有人曾经将联想的电脑业务发展与德隆对比，并说德隆的选择比联想要高明。

庄家

德隆真正的成功之路开始于资本市场，尽管后来他们努力摆脱庄家这一身份，但在 20 世纪 90 年代，德隆是名副其实的庄家。

中国的资本市场兴起在 90 年代初期，那时股票市场处于极度模糊的概念，一些敢于冒险的人取得了令其自身难以置信的财富积累，德隆正是其中之一。由于股票市场没有介入门槛，给了德隆一个积极参与的机会。那时的商业理念很简单：低价买进高价卖出。

刚开始，德隆通过购买原始股和内部员工股，一旦企业上市则会顷刻之间赚取大把利润。经过不断训练，德隆对资本市场的规律认识越来越清晰，所购买的股票也迅速为他们带来利益回报，手中的资金迅速膨胀。一些老德隆人回想起这段经历便热血沸腾。更重要的是因为这段经历，德隆将资本运作作为其企业发展的主要手段。

在德隆做庄家的后期，他们也选择了一些项目进行操作，但这些项目都带有一些随意性，如北京的 JJ 迪斯科广场等。尽管争取了一些利润，但对于企业的整体发展没有太大意义，这个时期，德隆最重要的投资在农业产业上，为后来整合红色产业做了有益的准备。

在通往 GE 的道路上狂奔

1997 年春天，德隆召开了一次具有转折意义的会议：达冈会议。在这次会议上，德隆确立了由项目投资向行业投资的战略转变，由“做企业”转向“做产业”，下大决心回归实业。1999 年，德隆请国际著名咨询公司罗兰贝格进行了战略规划，在罗兰贝格提供的三个选择中，德隆毫不犹豫的选择了“GE 战略”，即通过资本运作手段，形成产业的核心竞争能力，又称为“养儿子战略”。同时根据德隆自身的分析，他们选择了传统产业作为发展的重心，应该说这一战略是具有远见的，但是在实际执行中，我们很快便发现德隆偏移了这一战略，从而为危机埋下了伏笔。

这个阶段是德隆最为辉煌的阶段，正是在这个阶段，德隆成长为两百多亿的大型民营企业，受到了社会各方的关注。在这个阶段中，有几个案例是不得不说的，就是德隆的“三驾马车”是如何形成的。

新疆屯河篇

德隆对新疆屯河的整合可以称作为资本运作的经典之作。1996 年 10 月，德隆通过受让股份的方式成为屯河的主要股东之一。1998 年，德隆成为屯河的第一大股东，并开始了全面的整合之旅。

首先通过整合，屯河迅速成长为新疆第二大水泥制造商，但是这不是德隆的目的，所以紧接着在德隆主导下屯河进行了产业转移，将以往的主业出售给竞争对手天山股份公司，而自己却转移到更具生命力的农业产业，即为人们津津乐道的“红色产业”，主要发展番茄、红花、石榴等新疆特色果蔬为原料的深加工业务。通过不断的整合，以及加大投入，屯河发展为亚洲最大、世界第二的番茄生产基地，并与亨氏食品集团等国际企业形成战略合作关系。

屯河整合的另一个成功之处在于其运作模式，通过“公司 + 农户”的形式，德隆不但解决了生产的难题，还大大提升了当地农户的收入，这使屯河成为当地最大的农业产业化领军企业。

沈阳合金篇

沈阳合金前身是沈阳合金厂，建于 1958 年，由于主业没有太大的市场空间，发展似乎并不顺利，1997 年德隆通过竞标方式成为合金的大股东。

对沈阳合金的整合没有屯河来得顺利，先是开发“太空梭”项目，但由于市场空间过小而放弃。经过半年多时间的调研，1998 年初，德隆找到了一个符合整体战略要求的产业：电动工具。通过控股上海星特浩公司，使沈阳合金迅速发展起来，4 年之内，增长了 15 倍之多。

为了促进国际化市场的进一步发展，并且获得一定的利润，德隆与美国毛瑞公司达成合作：利用毛瑞的品牌和销售渠道销售合金的产品；利用合金的生产基地加工毛瑞的产品等。通过这种双赢的合作模式，沈阳合金的电动工具在国际市场上逐渐占据一定地位。

湘火炬篇

德隆并购的企业有一个共同的特点：经营状况并不出色（屯河是唯一例外）。湘火炬同样如此，在德隆控股之前，湘火炬的经营业绩逐年下降。

德隆控制湘火炬后，经历了两级跳。通过培养“大汽配”概念，不断整合，湘火炬逐渐发展成为一家能够生产火花塞、刹车盘、汽车灯镜等多种配件的企业，其中火花塞产品的质量和生产规模均位居国内领先地位。

但是德隆在汽车产业不想做配角，于是整车制造成为他们的新目标。2002 年，湘火炬与东风合资成立了东风越野车公司。接着德隆又先后与陕西汽车集团、重庆重型汽车集团成立合资企业，用于制造重型车。至此，德隆期望在整车中大展宏图的格局已经布置完成。

德隆在其他产业如旅游业等也有精彩表现，但由于影响远远不如“三驾马车”，所以并没有引起太多的关注。表面上看起来，德隆似乎离它的目标（成为中国的 GE）越来越近了。而德隆的步伐也越来越快了。

“对不起这个时代！”

成功之后是失败，这似乎是规律。一旦成功不断来临，就极可能使人变得自负，最终失去理智，走向疯狂。德隆似乎也走在这条路上。

2001年开始，德隆开始了高速的金融之路，同时在实业与金融两个方向发展。据分析，德隆进入金融业并非战略需要，而是为了解决越来越难的融资问题。当然，这一切背后的支撑点是经过无数次成功之后的自信。唐万新曾经说过这样一段话：“对于企业家来说，你能够筹集到钱，又有很大的市场，对手还不强，这不是非常好的机会是什么？可以说是掉在蜜罐里了。有了这两条，如果我们再不进行一场大手笔的整合，简直对不起这个时代。”出于这样的观念，德隆进行了堪称疯狂的收购运动，涉及了农业、食品、水泥、电动工具、汽车零配件、卡车、流通、金融等多个产业。而德隆人似乎越来越不关心是否对收购的企业具有掌控能力，以及收购的对象是否为行业领先企业，这样的并购最终必然会导致德隆的资金链产生紧张。“天欲其亡，必令其狂”。又一次在德隆身上应验了。

GE为什么会成功

在众多中国企业家心目中，GE是多元化的代表。讨论多元化的成败，不得不分析GE。GE一开始只是一家生产电力相关产品的企业，到了20世纪初期，GE成为一家家喻户晓的电器制造商。自1980年，韦尔奇出任GE的CEO之后，GE进行了一系列的并购，今天，它已经成为一家多元化发展的公司，产品包含电灯泡、汽车配件、火车发动机、飞机引擎、医疗仪器等，同时通用还提供金融服务，参与广播事业，等等。GE在韦尔奇的领导下取得了迅速的发展，股票价值达到历史最高点。GE还是唯一一家今天还在1896年第一批道琼斯工业指数成分股的企业，1999年，GE成为最受人尊敬的公司，并成为世界第一大企业。关于韦尔奇的赞赏也很多，人们将他当作经营之神，送了他一个“全球第一CEO”称号。

韦尔奇曾经在他的自传中大肆宣扬多元化发展之道，中国许多企业的多元化正是受了他的引导，三九、德隆等企业的领导人对之崇拜有加。《杰克·韦尔奇自传》也成为中国市场上最为畅销的商业书籍。然而，到底有多少人真正读懂了GE的多元化？又有多少人理解了韦尔奇的战略？韦尔奇自己也似乎感觉到中国企业家对他的崇拜，于是在中国传道时说了这样一番话："当前中国许多优秀企业面临的困境正是战略的困境。在充满不确定因素的产业环境下，中国企业应通过战略管理来保持生存和发展，在全球化扩张中实现持续平滑的增长。"他的意思很明显，中国企业要发展，首先要注重战略，没有战略，无论是多元化还是专业化都难免会失败。我们来看看他是如何实施多元化的。

GE的四大战略

首先看一下GE的发展战略，多元化发展企业运用战略原理的方式与专业化发展企业不同，它需要两个层次上的运用。第一层是整个企业的整体发展战略与三个战略层次的结合运用，第二层是各个产业拥有独立的战略体系，GE多元化发展战略正是如此。各个产业的战略制定与专业化发展企业无异，这里，我们着重讨论GE的整体发展战略。

我们知道韦尔奇为GE制定了四大战略：全球化、服务、六西格玛、电子商务。这些战略具有一个共同的特点，即没有涉及到任何具体的业务，而是超越了业务范畴，从更高层面上对各个子产业提出要求。同时我们还会发现这四大战略都是符合经济整体发展趋势的：经济全球化已经成为谁都阻挡不了的潮流，任何一个企业要取得发展都必须面对全球性的竞争；服务是未来增长最为迅速的商业模式，未来只有一个产业，那就是服务业，所有的产品只不过是企业用来为消费者服务的工具而已；产品品质是企业持久发展的保证，实施质量战略就是在为未来做准备，未来的商业是高度利用与讲求效率的商业，只有拥有出色的质量标准，企业才能够真正做到高效；随着互联网时代的到来，今天电子商务已经成为每个企业都必须掌握的商业交易模式，然而在那时，韦尔奇的洞察力还是远远超越了同时代的大多数人。通过四个超业务的战略，韦尔奇对GE多元化的整体发展有了准确的把握，使GE成为稳定增长的企业。

GE 战略的三个层面

GE 的四大战略没有涉及到具体的业务，但却对任何一个产业都提出了具体的要求。同样如此，GE 战略的三个层面也具备这样的特征：

首先，韦尔奇提出了“数一数二”战略，即在所有 GE 涉足的产业，他们必须做到第一位或是第二位。韦尔奇不仅这样说了，也这样做了，为了实现“数一数二”的目标，他不惜出售那些难以做到这一点的产业，甚至是标志着 GE 成长的家庭电气生产业务。在营销战略层面上，也明确了业务范围。1982 年韦尔奇画了三个圈，分别代表公司的三大业务范畴：服务、高科技、核心企业。而所有的产业都必须做到以市场为导向，这是 GE 能够持续发展的一个主要原因。运营战略层面上，GE 讲求产业的互补性，通过分类，GE 将业务分为三个系统：一、长远周期业务，是公司未来的增长点；二、短期业务，主要为企业的发展创造利润来源；三、金融业务。这样，GE 形成了长短结合的业务发展模式，既降低了风险，又取得了未来。从这一点来看，如果一个企业能够很好的掌控多元化，并且具有良好的产业组合，多元化发展远远比专业化发展来得稳健。

并购只是运营的一种手段而已

与众多中国多元化发展的企业不同，GE 并没有将整合能力界定为核心竞争力，而是将战略有效实施作为它的主要能力。也就是说，对于 GE 来说，并购只不过是一种运营方式，是为实现企业的目标服务的。看来，中国企业需要重新审视并购的意义。

在 GE 进行的并购案例中，几乎所有的并购活动对于实现“数一数二”是有帮助的。同时，我还发现韦尔奇不但将并购作为一种有效的经营手段，还将出售当作一种运营策略。

冲动的代价

自负是一种很可怕的东西，一旦自负找上门来，即便伟大似韦尔奇也难免会失败。1986 年 4 月，当韦尔奇完成了对基德公司（华尔街最古老的投资金融公司）的收购之后，遭遇了许多人的反对，最具代表性的是花旗银行董事长约翰·里德，他对韦尔奇说："我的天，你还要干什么？把麦当劳买下来吗？你买下的只不过是一堆家具（指基德）。"韦尔奇似乎并不在意，因为过多的成功使他过于自负。

8个月后，里德的话开始应验。韦尔奇很快发现自己陷入了一场震动华尔街的丑闻之中。基德公司的高级职员在收购之前进行的非法交易使GE支付了2 600万美元的罚金；接着基德公司的股票崩盘亏损7 200万美元，最终以辞退4 000人的方式解决问题。直到1991年，基德公司的运营才有所好转，但韦尔奇决定将之出售。

韦尔奇当时坚持这项收购的目的很简单：让GE资本进入分销渠道，从此不必向其他银行支付昂贵的服务费用。由于过于自负，GE为这次收购付出了沉重的代价，韦尔奇在事后也对自己的错误进行检讨："在此项收购前，我认为没有自己办不好的事情。"

这让我对众多中国企业的收购感到担忧：有多少次并购决定是经过反复思考的？有多少并购是在明确的战略指导下进行的？

德隆为什么会失败

分析完GE的多元化成功之道，我们将通过战略原理对德隆的失败进行全面的分析。唐万里曾经将使德隆倒下的原因归结为《商务周刊》刊发的《德隆资金链崩紧》一文，因为此文造成了相关方对德隆资金问题的不断猜测。事实上，一个企业如果不能够经受外界的质疑与检验，该企业赖以生存的基石是相当脆弱的，也只有能够坦然面对各方质问，企业才能够稳定发展。通过对德隆细致而深入的分析之后，我发现德隆的垮台竟然是迟早的事，因为德隆的发展不是遵循战略原理的发展，而是出于盲目求大求快的迫切成功欲望。

创造传统产业新价值

德隆是我比较钦佩的企业之一，我对之钦佩的原因不是其在资本市场上的成功，也不是整合能力的出色，而是它在战略制定方面的能力。德隆的整体发展战略：创造传统产业新价值。这是一个清晰的定位，也是一个出色的战略。

首先，从世界产业结构调整的规律来看，制造业在中国兴起是必然的，同时中国经过一段时间的积累之后，拥有相应的技术与制造能力；其次，尽管服务已经成为潮流，但基础性的制造产品在全球市场仍然具有广阔的市场空间；同时，尽管制造业的利润相对较低，但具有稳定与可掌控的优点，适合企业的长远发展。

从德隆刚开始收购的项目如新疆屯河来看，这一战略是具备实施可能性的，也是可以实现的。今天，屯河的红色产业仍然是德隆的优良资产之一。

德隆拥有出色的战略，又为什么会失败呢？在对其战略的三个层面进行分析后，我发现它的失败在于：战略实施脱离战略定位。

盲目延伸传统产业概念

首先，在企业的整体战略上，德隆出于做大做强的目的，对传统产业的概念进行盲目延伸。根据德隆自己的解释，他们介入的传统产业很清晰，就是制造业。“在经济全球化格局中，我国经济的比较优势是劳动密集型和资源密集型的传统产业。”“中国企业最大的发展空间在传统产业，只有传统产业，才能够发挥中国在劳动力和技术方面的比较优势；只有传统产业，才有一个成熟的、现成的，而不是潜在的市场，只有传统产业，才不会有太多的不确定因素。”从这种论断中，不难看出德隆所定义的传统产业主要集中于制造业。新疆屯河、沈阳合金、湘火炬三个项目的收购与整合，基本上还是符合整体发展战略的。

但是，2001 年起，德隆开始全面进入金融产业，这一产业本身并不具备他们所认为的那种优势。根据德隆提供的分析：金融行业效益低下，资产质量差，竞争力弱，而且面临打破国有垄断走向市场化和从分业经营走向混业经营的两大机遇。金融产业是可以整合的，但是这已经违背了企业的整体发展战略。而陷入了机会导向之中，中国企业有一种病：红眼病，总是认为别人所在的行业比自己的好，一旦发现可以介入的机会决不放过。德隆便是这样。

进入金融行业使德隆的整体战略失衡，因为其采取并购方式进行产业整合，最终使得其资金高度分散，最终出现了资金短缺状况。

领先，但不是垄断

德隆人有一个值得骄傲的概念：做产业。手段依然是并购，用唐万新的话说，便是“借助中国资本市场的力量，对没有形成高度垄断的行业进行市场重组。”结合德隆对“三驾马车”的整合来看，“做产业”给德隆人两个误导：一、做产业就是垄断这个行业；对新疆屯河的整合就是如此，通过出售水泥业务，屯河转型为以农业为主业的企业，天山股份则在新疆区域垄断了水泥业务；二、做产业就是涉足相关业务；湘火炬说明了这一点，从汽车配件到汽车装饰件乃至整车生产，德隆要做全能冠军。

从以上两点来看，这是对韦尔奇“数一数二”战略的误读，领先并不等于垄断，也不等于全面。没有竞争对手的企业是难以成长的，百事可乐的总裁曾经说过这样一句话：“我们的成功是因为我们找到了一个好对手：可口可乐。”

德隆在选择并购对象时，有一个要求：只并购行业内最好的企业。GE 的原则则是一定要做到行业领先地位，两者之间有着本质的区别。同时，德隆并没有将这一理念维持下去，相反，他们购买了许多被视为垃圾资产的企业。

生产主导市场

德隆是我关注的企业中最少提及市场的企业，甚至可以说他们根本没有关心市场的需求与发展，这与 GE 要求各分公司“以市场为导向”不同。在研究德隆的过程中，我最大的感触是德隆对资本运作的过于依赖，而对实业的发展却没有深刻的认识。通过并购可以对行业进行垄断，从而成为行业领军企业；通过并购可以形成完整的产业链，从而可以提升整体竞争能力。

在营销层面战略上，德隆同样依赖于资本整合，没有市场，我可以去买市场。通过购买美国毛瑞公司，取得了在美国市场上“带品牌销售的机会”；通过收购美国新瑞公司与意大利甘多弗公司为屯河番茄酱打开国际市场的销售等等。购买销售渠道是德隆的创举，但在整个德隆的运营中，对市场的研究是他们的软肋。甚至可以说，德隆依然在用产品主导市场，这可能也是他们为什么选择传统产业的原因之一。

产业结构不合理

GE告诉我们，如果能够进行合理的产业结构安排，多元化发展模式是相对稳健的。对德隆分析之后，我发现德隆最大的失败之处便是产业结构不合理。一面是庞大的产业整合计划，一面是长久才拥有回报的实业投资，两者结合必然造成德隆的资金短缺。

德隆产业结构的不合理主要反映在长、中、短期投资比例上，长期投资项目的比重过大，严重影响了资产的流动率。在产业结构的安排上，德隆似乎没有太多关注，它关注的是如何迅速的“做大”，这种盲目求大的观念是德隆最终走向失败的主要原因。毕竟扩大并不意味着企业在发展，企业的发展是建立在自身的运营能力之上的，而不是将不同的企业放在一起。

运营层面战略是整体战略实施的基础，由于产业结构布置不合理，德隆的许多构想根本无法（或来不及）实现，资金难题便给德隆带来了灾难。

通过战略三个层面上的分析，德隆的失败在于实施与战略的偏移，而这种偏移源于德隆期望迅速做大的目标。任何一个企业，如果过于相信自己的成功经验，并期望将之延伸到所有产业都是错误的，德隆对资本运作的依赖症值得我们深思。

尽管德隆遭遇了失败，但其在一些方面（如农业产业化）的探索与尝试是值得更多企业学习的，当然，德隆的失败将留给我们更多的反思。

第五章
成败皆英雄
——联想的国际化战略

企业发展到一定程度，必须根据市场变化的需求进行内部管理体系与业务流程的改造，西方企业将之称作为“企业再造”，而20世纪90年代初期的联想需要的正是这样的“再造”。

市场驱动型公司试图在一个竞争激烈的市场中，寻求一种客户导向和自身竞争能力之间的平衡。他们将消费者的需求放在首位，按照细分市场的消费需求进行公司和产品结构的调整，为了满足消费需求，他们会毫不犹豫的更改自身原有的产品或服务。

当然仅仅用“收缩”来形容联想的专注PC是片面的，因为在联想战略收缩的同时，我们看到了又一个扩张的联想：实施国际化战略的联想。

联想的国际化战略长远看来是正确的，令人担心的是长期在国内市场争斗的联想人能不能够迅速成长，从而从容面对国际竞争，这不是外界的质疑，而是联想现阶段不得不解决的主要问题之一。

“联想今天的成就，不仅是400多亿元的产值，也不仅是为国家提供的60多亿元税收，我想这不是联想人的主要贡献。他们的主要贡献是为中国开创了一条新的道路，引起了中国科技界观念的彻底改变，这是具有历史意义的。”中国科协主席周光召用这段话总结了联想20年来的发展以及这种发展所引起的广泛意义。无论联想过去曾经犯过何种过失，联想的未来到底会怎样，联想无疑为中国科技的发展涂上了全新的一笔。

联想是我最尊敬的中国企业之一，柳传志也是我最为敬仰的中国企业家之一。自从进入战略研究领域之后，我始终将联想当作研究的主要对象之一。在关注联想发展的过程中，我发现联想的发展在中国市场上具有一个特殊的意义：联想所经历的每个阶段都成为中国众多企业所无法回避的，而且联想始终处于领先一步的位置上，从机会导向发展到战略导向，再从专业化发展到多元化，最终又因为内部资源与经营理念难以支撑多元化而放弃（目前众多中国企业正走在多元化发展之路上）。分析联想将会给众多中国企业的发展带来一定的借鉴作用，尤其是联想为什么从多元化向专业化的“收缩”（尽管联想不愿承认这是收缩，而强调为专注），与万科自发性的专业化不一样，联想的专业化是在付出沉重代价之后的抉择，我相信不久将会有更多的中国企业将从多元化发展中转过头来。尽管我个人并不反对多元化发展，但目前拥有实现多元化发展所需资源与能力的中国企业屈指可数。联想会告诉我们为什么。

研究联想的另一个原因在于：联想的领军人物柳传志是国内为数不多的将战略作为企业发展主要因素的企业家之一，他的著名的管理三要素“搭班子、定战略、带队伍”理论也成为众多企业学习的榜样。本书的目的在于通过对联想20年来的发展进行深入分析，从而探析战略在企业发展过程中所担负的作用与意义，在随着对联想发展逐渐理解的过程中，我发现一旦企业遵循战略规则，并在战略的三个层面上得到很好的执行，则企业的发展是必然的。反之，则将面临失败。

成就 PC 业务之王：联想并购 IBM 全球 PC 业务

企业发展到一定的规模与程度必定将面临增长困境，这时便需要寻求新的发展与出路，这就需要企业对目前已有的运营思路与市场推广模式进行全面调整与变革，因此最近西方企业界流行一种新的观念：转型。拉里·博西迪与拉姆·查兰的《转型》一书一经推出便位据畅销书榜首，他们在扉页上写着：二流企业做执行，一流企业在转型。转型的目的是让企业走出目前的增长困境，寻求新的发展与飞跃，转型的主要原理是以往在市场上获得成功的方式在今天或是未来已经不合时宜，企业要寻求新的增长必须符合未来市场发展的需求，建立适应未来发展的商业模式。总之，企业要在未来取得发展就必须抛弃促使今天成功的因素，我将之称作为突破。

对于中国企业来说，突破远不是什么经营模式的转变，而是经营观念的转变，众多企业并不明白自己为什么能够走到今天，也不知道自己的企业明天将在何处。面临增长困境时盲目寻求多元化发展，由于中国目前的市场状况，企业做什么几乎都能够成功，这样便导致了一大批企业走上了多元化发展之路。尽管关于专业化与多元化发展的讨论已经引起广泛关注，而德隆、小鸭、三九等企业或衰退或失败证实多元化之路并非一帆风顺，然而在机会面前，更多的企业依然义无反顾。

联想也不例外，20 世纪初联想在 PC 业务到达巅峰状况时，企业增长出现困难，同时加之互联网蓬勃发展的诱惑，联想走上了多元化发展之路，走到今天我们已经知晓联想的多元化已经宣告失败（尽管众多的联想人在心理上不能够接受这一事实），我将在后面的章节中详实阐述联想多元化之路为何不能成功的原因。

那么，联想又将如何寻求新的发展呢？

要么多元化，要么国际化

根据众多国际成功企业的发展经历，我们知道企业寻求增长无外乎两条路：一是多元化发展之路，二是国际化发展之路。联想进入多元化发展之路后，由于资源的分散与运营能力上的差距，自2001年起连续3年没有完成既定目标，而FM365网站的失败、IT服务的出售等等为联想的多元化发展划上了一个令人心酸的句号。

然而，联想必须走出增长困境，既然多元化遭遇挫折，那么就必须选择国际化发展战略。而且国际化发展战略也是符合联想目前的发展需求的，如果联想继续在多元化之路上前行，即便是在各个领域中都取得国内领先地位也不能够代表联想将赢得未来。因为我们面对的将是国际化之争，在中国市场上获胜的策略与方式如果放在国际市场上不能够取得同样的效果，则我们将失去国际市场，而随着中国市场的逐渐国际化，我们又将逐渐失去国内市场。因此，联想要持续增长就必须走出国内市场，寻求国际化发展之路。

2004年是联想经营观念急速转变的一年，一方面忙于战略收缩，将资源集中于PC业务的发展；另一方面又努力寻求全球突破，联想于3月26日与国际奥委会进行了全面赞助TOP（奥林匹克合作伙伴计划）的签约仪式，又于12月8日宣布了一项酝酿13个月之久的重大协议：联想将以6.5亿美元的现金、价值6亿美元的股票收购IBM全球PC业务。这两者充分显示了联想走国际化发展之路的决心与野心。

“不是飞上天，就是被打下地狱……”

2004年12月8日，一个收购项目引起了全球IT科技产业的广泛关注，这便是中国的PC领军企业联想以价值12.65亿美元的价格收购了IBM全球PC业务。收购完成之后，联想将从全球PC市场份额排名第九的位置上跃升为第三名，仅次于戴尔和惠普，具备了覆盖全球市场的能力。新的公司成立后，总部将迁往美国商业中心纽约。这是有史以来中国科技公司最大手笔的一次国际性并购交易，对于国内科技产业来说，象征意义似乎大于事件本身的意义。

尽管在此之前，联想经历了长达20年的坎坷发展之路，仅仅此项目的探讨便达一年之久，但人们还是认为通过此举联想在一夜之间拥有了庞大的国际采购、运营以及销售平台。或许是出于关注，或许是出于嫉妒，一时间业界对这一并购事件众说纷纭。但是我相信联想不会因为外界的赞誉而沾沾自喜，也不会因为外界的冷嘲热讽而退却。同时我还认为外界所担心的一切联想人其实早已考虑，这从柳传志自身关于此次并购项目的评价可以推断出来：联想集团这次破釜沉舟的并购，为它拥有全球PC市场的定价权提供了可能，然而从交易本身来讲，新联想这个项目，“不是飞上天，就是被打下地狱……”。

“不是飞上天，就是被打下地狱……”透露出柳传志对这件事是拥有一定深谋远虑的，根据柳传志一向的行事风格，没有一定的驾驭能力是不会轻易动手的。

对于联想并购IBM全球PC业务，我认为对事件本身进行讨论是毫无意义的，企业的任何一个举动背后必定隐藏着某种企图，我们要做的正是探寻这一企图。首先联想的这一举动证实了其在专注PC的道路上越行越远，也许从此联想再也没有回头路可走；二是联想透露出造就国际PC之王的梦想，“这是一个实现梦想的日子，国际化的联想终于起航了。”在联想收购IBM全球PC业务的签字仪式上，新任联想董事会主席杨元庆说。

联想为什么收购IBM全球PC业务

企业的任何举动都必须符合自身的整体发展战略，一旦背离了企业整体发展战略，则任何辉煌的举动也是无效的，甚至为企业带来灭顶之灾，那么，联想收购IBM全球PC业务是否符合联想的整体发展战略呢？或者说联想收购IBM全球PC业务的目的是什么？

我们知道并购将会为企业带来巨大的发展，一旦并购最终取得的结果达到预期的设想，那么并购的意义必定是重大的。因为几乎所有企业并购的目的都是为了整合发展优势，从而进一步增强其竞争能力，对所在行业进行主导。并购成功不仅对企业自身产生重大影响，也将对行业产生一系列的影响。在变化迅速的当今市场中，并购或许是企业适应环境与取得生存能力的最佳选择。然而，实际上通过并购获取发展的企业并不多见，毕马威会计事务所的咨询部门在2001年进行了一项全球范围内的关于并购的调查显示：70%的并购业务没有实现预期的目的。

联想宣布并购IBM全球PC业务不久，全球PC业务老大、联想的最大竞争对手戴尔公司的创始人迈克尔戴尔便发表言论说：“计算机行业的历史上，还没有出现过大规模合并成功的先例，我认为，此次合并也不例外……”尽管戴尔的话中饱含酸意，亚洲电子企业收购美国个人电脑制造商的失败案例确实很多：1995 年，韩国三星电子收购了当时全球排名第五的个人电脑制造商 AST，4 年后以亏损 3 亿多美元的代价转售；1996 年，日本电气公司收购了当时在美国商店中成绩显赫的电脑制造商 Packard Bell，但很快便从零售市场上脱身；1997 年，台湾宏基集团收购了德州仪器公司的个人电脑子公司，最终由于难以支撑庞大的分销网络，最终在美国市场上淡出，而将重点放在了欧洲市场。

在众多并购失败的先例下，联想又将如何打破失败的宿命，创造新的奇迹？

我们来看一下联想此举背后的战略思想，应该说并购之前，联想在所谓的微笑曲线的高端（技术）上难以有大作为，一是其很难承担技术研发的高成本与高风险；二是联想始终在低端与竞争对手展开市场争夺，进军高端市场对于联想来说拥有一定的难度，而且联想也曾经尝试过，最终不了了之。同时随着多元化战略的收缩、联想的业绩始终在 300 亿内徘徊、跻身世界 500 强的目标似乎依然很遥远……都促使联想需要寻求一次新的突破。

专注 PC 业务使联想拥有了充分的资源可以调配，然而仅仅在中国乃至亚洲市场上取得领先地位，并不代表联想能够在国际市场上取得强势地位，联想要在国际 PC 业务的竞争中取得胜利，就必须使自身成长为国际性的企业。由于联想更多的成功源于本土市场上的成功，因此实施国际化发展战略，无论在国际采购、运营系统还是销售平台上都存在着很大的差距，甚至由于面对强大的竞争压力，联想还关闭了欧洲的办事处。也就是说联想依靠自身的能力实施国际化发展战略是不现实的，于是收购成为最佳的选择。

正是在此背景下，联想与 IBM 达成了并购意向，由此看来，这次并购活动存在着太多的冒险因素，缺乏国际性大企业管理经验的联想领导层能否驾驭这个未来的庞然大物？联想能否留住 IBM 以往的大客户群体？对国际市场缺乏了解的联想能否制定出适合未来国际市场发展的营销策略？

在面对质疑时，我发现新任董事长杨元庆始终在辩解：关于 IBM

的国际PC业务一切将维持不变，以期来稳定IBM原有PC业务的大客户群体，然而客户需要的仅仅是维持吗？我不这样认为，客户需要的是合并后的联想能否为他们提供更优质的服务、更适应市场发展需求的产品，同样如此，股东们期望的是新公司迅速拿出一套适应未来市场需求的企业整体发展解决方案。因此，我在这里对杨元庆的建议是撇开那些外界的评论，从合并后整体角度出发，站在引领全球PC业务的高度上，寻求新公司的发展战略。在质问面前，清晰专注的战略与有条不紊的经营思路是最好的回答。

即使错误也是个伟大的错误

我认为联想根本没有必要去理会外界的评价，既然已经选择了，就只能勇往直前，现在不是联想停下脚步讨论并购对错的时候，而是解决整合难题的时候。我在这里列举一些外界的评论，只不过想表明联想并购IBM全球PC业务是多么的令人振奋的事件，借用《北京晨报》的说法便是："有的人一年只做一件事情，就足以成为年度人物，柳传志就是如此。"

更多的媒体将这一并购活动称作为"惊天并购"，《华尔街日报》与《纽约日报》的消息，立即在太平洋两岸掀起波澜。国际数据公司（IDC）的马塞拉克说："这是一个奇特的时刻，一个西方资本主义标志性的公司和一个部分为中国政府拥有的公司联姻，这实在是太奇特了。"而《第一财经日报》则风趣地说："IBM嫁出了一个老姑娘，新郎是联想。"

总之，联想的并购得到了广泛关注，有人说这是一场好戏，也有人说联想将被撑死。最有意思的是竞争对手所反映出来的观点，他们表面上觉得这次并购失败机率很高，心底却在想为什么这好事没掉到我的头上。日本东芝公司总裁岗村说："看不出并购IBM个人电脑业务有什么好处。"惠普执行副总裁杜亚尼·季特纳说："一家土生土长的中国企业突然为美国或法国市场制造产品，将面对高度复杂的物流与供应链问题。"戴尔公司的总裁迈克尔·戴尔则用计算机行业从未有成功并购的事例证明这次并购同样逃不出失败的命运。台湾的宏碁则认为联想采用这种大胆的策略，存在着一定的风险。

世界著名营销专家、美国科特勒营销集团主席米尔顿·科特勒认为，此次并购出乎他的意外，联想比他预计的还不明智。他主要根据这次并购中关于品牌使用的限制，根据双方合并的条件，IBM 将子品牌“Think Pad”转让给联想，而“IBM”这一品牌，联想可以使用 18 个月，此后将使用联合品牌，5 年后联想将使用独立的联想品牌。

而大部分投资机构对这次并购的看法比较理性，他们从新公司的人才、管理、品牌以及市场等多方面提出质疑。一方面他们认为这次并购长远看来是有利的，另一方面他们又担心联想不具备在短期内整合的能力。

与竞争对手以及投资机构等不同的是旁观者们的评价，他们的评价更多的融入了民族情结，他们更为注重这一事件的象征意义，最为典型的是国内著名战略专家姜汝祥的评价：“即使错误也是个伟大的错误，这就是革命烈士的价值。”

这是一次中国商业史上空前规模的并购活动，它的意义已经超越了联想公司本身，而延伸为更为广泛的象征意义。

总之，联想已经盯上了世界 PC 之王的座位，无论世人用什么样的方式去看待这次并购事件，联想都走在实现梦想的路上。当然，联想发展到今天并非一帆风顺，也曾走过坎坷的发展之路，用联想人自己的话说，是经历过“九死一生”后幸存下来的。我们知道联想重新专注 PC 是源于战略构想，下面我们便来全方位解读联想的发展战略。我将通过战略原理阐述在联想的发展过程中，哪些选择是出于战略导向的，哪些选择是出于机会导向的，哪些战略是正确的，哪些战略是错误的。

20 年风雨只为今朝：联想发展四段论

回顾联想的 20 年风雨之路，我们知道联想走到今天并不容易，在此我不想描述联想艰辛的发展之路。2005 年 1 月中信出版社出版了凌志军的《联想风云》，将联想的发展叙述得很清楚，对联想发展历程感兴趣的人可以去阅读这本书。在本文中，我只分析促使联想发展的因素有哪些，联想成长过程中的成功与失败之处，旨在探析这其中背后的道理，即为什么成功？又为什么失败？根据这些问题，我将联想的 20 年发展历史分为四个阶段：汉卡时期、前 PC 时期、多元化发展时期、后 PC 时期（国际化发展时期）。

汉卡时期与倪光南

谈论联想的汉卡时期，倪光南是无法回避的话题。汉卡是联想最先拥有的自主研发产品，而这得益于柳传志等人极力邀请时为计算所第六研究室的副研究员倪光南加盟联想，自 1986 年到 1992 年期间联想汉卡在市场上具有一定的影响，也为公司的发展做出了一定的促进作用。尽管在此期间联想依靠代理 AST 等国外品牌的产品也获得了一定的利益回报，但从柳传志等人对倪光南的尊敬程度来看，联想在此阶段的发展是以汉卡为主的。也正因为柳传志对倪光南的过于尊敬最终演绎了一场无休无止的纠纷，引起了许多人的关注，即便是在汉卡早已成为历史的 2004 年，一个名叫王育琨的职业经理人凭借一股意气出版了《失去联想》一书，书中大部分内容是在为倪光南鸣不平，并将问题提升到战略性的高度上来，说这是“技工贸”与“贸工技”之争，也就是产品导向与市场导向之争。今天我们都知道市场才是企业发展的根本。

联想的汉卡时期可以追述到 1985 年初，尽管当时中国科学院计算技术所新技术发展公司（联想前身）通过代理赚取了一部分利润，但公司缺乏自主性产品是柳传志的心头之痛。正是在这样的情况下，他想到了倪光南，因为倪手中拥有“LX－80 联想式汉字系统”，柳以其商人敏锐的洞察力意识到这是一个改变中国计算机产业的机会。这个东西在今天看来平淡无奇甚至多此一举，然而在 20 年前可以说是促进中国计算机行业发展的发明。1984 年中国市场上至少拥有十多万台计算机，计算机正在进入中国人的生活中来，但是这些计算机存在一个致命的弱点：只能在英文环境中运行，语言成了天然障碍。因此，计算机能够进行汉字识别成了无数中国科学家们孜孜以求的目标，而倪的“汉字系统”正好弥补了这一空缺，其实当时“汉字系统”有十多种，运行的原理与过程大致相同，倪的汉卡只是其中的一种，与众不同的是其具有“联想”功能，它利用了中国文字中词组与同音字的特征，建立了自己的汉字体系。一名记者曾经用一篇题为《联想的魅力》文章描述倪光南的汉卡：“我看到操作人员打出一个‘记’字，屏幕上迅即闪现出‘记者'、'记录'、'记分牌'等一连串联想出的词组，再按一下键盘，就输入一串汉字。"在那时这是多么令人激动的事，相比其他产品而言，"联想汉卡"的汉字输入速度至少提升两倍，"联想"的概念导致了"汉字系统"划时代的进步。当柳传志找到倪光南时，这一技术已经相当成熟，向个人计算机移植的过程也已经成功在望。

1985年夏天，联想汉卡研制成功并迅速带来回报。

1986年底，柳传志感到汉卡的优势仍然没有发挥到极限，于是提出"有所为有所不为"的方针，提倡加大联想汉卡的推广力度，从而将公司的主要力量集中在汉卡的销售上，就这样汉卡一直卖到1992年，并且始终以70%的年均增长速度增长着，到了1992年10月，汉卡累计销售6万套，这意味着在中国每10台计算机中就有一台装了联想的汉卡。在此期间，联想汉卡还获得了国家科技进步一等奖，为了宣传推广汉卡，联想还与近10家部委的信息中心联合建立"联想汉字系统委员会"，还办有一本技术刊物《联想世界》。

1992年是联想汉卡的鼎盛时期，也是其走向衰亡的一年。国家领导人纷纷关注联想汉卡，被称作为历史性的时刻，而倪光南以科学家的身份推出了九型汉卡。与此同时，随着芯片性能的提高和价格的下降，兴起在80年代初因为价格因素而消亡的"软汉字"系统死灰复燃，其中代表为"WPS中文处理系统"，它被装入一张5英寸的软盘，用户只要轻轻一敲键盘，就能够在自己的电脑里建立一个完整的汉字处理系统，现在整个国家都产生了对"软汉字"系统的强烈要求，它完全可以替代联想汉卡的功能，而且价格低廉，联想汉卡终于走到了尽头。

回顾联想的汉卡时期，我们可以发现这是一次机会导向下的成功，当时联想并不明确自己的未来在何处，而倪光南的联想式汉卡给柳传志带来了希望。柳在多年以后也坦陈这是一个机会性的成功："我没有这个技术（指倪的联想式汉卡），还能够找到别的技术，我一定能找到！"

联想的机会导向成功与众多中国企业是一致的，与其他企业不同的是联想很快便转入了战略导向，而更多的企业则停留在机会主义之中，仍然没有清晰的战略规划。从这一点上来看，柳传志重视战略的思维无疑起到了很大作用。

前 PC 时期

在这里我用“前 PC 时期”与行业的发展无关，而是缘于联想曾经先后两次将 PC 作为公司的主要业务，这样说只是为了更好的区别。

1992 年联想汉卡已经是穷途末路，同时柳传志也找到了更好的发展方向，而且是其值得狠赌一把的发展方向，这便是令联想名声雀起的家用电脑。

早在 1987 年，柳传志便萌生了自己生产微机的想法。他相信未来中国的计算机市场一定是个人计算机的天下，为了实现这一目标，他毅然断绝了与 IBM 的代理关系，而是改为代理一家叫 AST 公司的微机产品。在今天 AST 这个品牌几乎无人知晓，但在当时却很有名，排在世界计算机厂家前列，而 AST 在中国市场上的名气却是联想给予的，联想卖出了其 80% 的产品。柳传志的目的很明显，就是站在 AST 的肩上向上爬，而他的第一步做法便是将 AST 变成一只温水中的青蛙。在代理 AST 的同时，联想迅速走上自主生产的道路，先在香港购买了一个小厂开始开发计算机板卡，而总工程师倪光南也将主要精力投放到“联想 Q286 微机”的研发上来，并于 1989 年 3 月参加了德国汉诺威交易会，结果大获成功，取得了 2073 台“联想 Q286 微机”和 243 块主机板的订单，这些订单来自欧洲多个国家。1989 年 11 月，“联想 Q286 微机”又获得了北京国际博览会的金牌，这一切初步显示了联想在计算机生产上大有可为。

也是在 1989 年 11 月，公司正式更名为“联想集团公司”。在更名人会上，柳传志做了题为《创办走向世界的计算机产业》的演讲，这是公司进军 90 年代的宣言书，也传达了公司的梦想，并首次提出了要与台湾宏基比一比的口号。

依靠代理 AST 赚取的利润，联想开发自己的微机，而 AST 怎么也不相信自己的合作伙伴会是自己的掘墓人。终于在 1990 年已经掌握了 AST 微机市场控制权的柳传志再也控制不住自己的激动心情，开始宣布从此联想的主力队伍全部转向联想自己的微机产业，同时他还传达了自己真正的梦想“让联想微机成为中国名牌”。

然而联想的微机之路走得并不顺利，首先是大规模的生产带来了许多质量问题，1990 年初尽管拿到了 5 000 台微机的生产许可证，但实际上这一年只销售了 2 131 台联想微机。联想意识到产品质量问题成为头等大事，可以说 1990 年、1991 年两年里，解决质量是联想人的共同使命。

同时，席卷全球的“黑色风暴”也给联想带来了沉重的打击。电脑业是个瞬间即变的行业，正如英特尔 CEO 安迪格鲁夫所说：“这是一个十倍速的时代”，而这次风暴的起源也是英特尔公司，联想在这次芯片价格大跳水的事件中严重亏损，并经历了公司历史上的首次裁员，还好代理业务使联想获得了一定的利润，真可谓“堤内损失堤外补”。

到了 1992 年，联想的微机业务更是险象环生，中国计算机市场一下子成为国际竞争市场，而计算机整个行业的利润大举下滑 26%，竞争品牌从以往的寥寥数家变成十多家，中国台湾及美国的一些企业都在中国大陆市场摆开架势，打算一争雌雄。

联想经过了将近两年的争斗，提出了家用电脑的概念，并以“1 + 1”命名，但是国外品牌依然在疯狂的攻池掠城，媒体上遍布了关于国外厂商瓜分中国市场的消息。联想微机的连续两年出师不利，一些高级经理们开始讨论还要不要继续搞自己的微机产业。但是柳传志是不会放弃微机产业的，因为这是他的一个梦想，也是他的一个战略构想，在微机产业上他付出了太多的东西，而且他已经看到了个人计算机未来的市场前景，这是一个值得联想孤注一掷的事业。我们从三星的成功中已经知道，专注战略需要付出很大的代价，而这种付出需要企业拥有孤注一掷的勇气与决心，现在柳传志走到了这道关口上。

而这时倪光南开始了“中国芯”的研发，而且似乎风声很高，柳传志面临着一次新的战略抉择，但联想最终放弃了“中国芯”计划，许多评论家认为这是联想缺乏技术的主要原因，我却宁愿相信这样的选择出于柳传志的战略思维，因为他的梦想是成为中国领先的微机制造商。也是因为这次选择，他与倪光南开始一场为期 5 年之久的个人纠纷。

联想微机产业甚至可以说是中国本土微机产业的命运改变是从杨元庆开始的，1994 年 3 月 19 日联想公司成立了微机事业部，并任命杨元庆为事业部负责人，将产品研发、生产、销售、物流供应和财务运作全部交归杨一人统管。多年以后，柳传志承认将杨元庆推出来是“拼命赌一把”，这也符合长江商学院教授曾鸣的战略原则“大赌才能大赢”。今天看来，这是一次成功的选择。

杨元庆就位以后进行了一系列的改革，并推出了“E 系列”家用电脑，即经济型电脑，同时将“价格”作为竞争的主要利器，在销售与供应系统都进行了一些深化改革，并将其代理惠普获得的分销经验运用在微机的销售中，通过一系列的努力，联想微机迅速走上了辉煌道路。这种辉煌一直持续到 2000 年联想走上多元化发展之路。在此期间，柳传志获得了世界商界的认可，成为全球最有影响力的企业家，在中国大陆能够跟他相提并论的只有张瑞敏，后者将海尔的广告牌挂在了纽约与东京，并成为哈佛讲台的传道者。

但是，一旦人们被成功冲昏了头脑便会开始干一些没有主张的事情，柳传志与杨元庆也不例外，于是我们看到了一个多元化的联想，以及一个错误百出的联想。

多元化发展时期

人们喜欢将 2001 年杨元庆发表《未来的联想》作为联想多元化的开始，事实上联想的多元化之路早在 1998 年便已经萌芽。1998 年亚洲金融风暴席卷了大半个亚洲，许多企业在这次风暴中破产和灭亡，联想由于身在大陆而幸运的躲开了危机。正是在此期间，柳传志率领他的高级管理人员开始了台湾之行，我一直认为这次台湾之行给联想带来的不是幸福，而是灾难。宏碁的施振荣跟柳传志说的一席话改变了联想的奉行 10 年之久的国际化战略，因为“这块土地（大陆）如此之大，还有一个如此快速成长的计算机市场”。于是杨元庆迅速将“进军海外”的计划搁置起来，同时开始寻求多元化发展之路，他们的理由也很简单，既然国际化不行，我们就选择多元化，而他们的多元化依靠的是中国市场的“沼泽地”背景优势，而不是自身的运营优势，这也是为什么联想的多元化最终会失败的主要原因之一。

然而，宏碁的国际化战略行不通就意味着联想的国际化也行不通吗？中国市场好做，但为什么宏碁在大陆的销售并不出色呢？如果联想在 1998 年坚持走国际化道路，可能就不会经历长达四年之久的多元化之误，亦可能成绩斐然。华为便是一个很好的例子，1995 年 10 月，华为首次参加日内瓦世界电信展览会，这是华为国际化的第一步。对于当时默默无闻的华为来说，这样一个成本很高的活动完全只能够起到打打广告的作用，无益于销售。但从此之后，华为坚持每年都要参加数十个世界各地的电信展览会，成本可想而知，华为总裁任正非的说法是“海外市场拒绝机会主义”。今天，华为已经成为国际化程度最高的中国企业，在海外拥有8个地区分部，约3 000名员工，其中半数为外籍员工，其生产的电信设备进入了40多个国家和地区，德国电信在柏林的市区网络扩张工程就采用了华为的产品。连曾经起诉华为侵权的思科CEO钱伯斯也不由得感叹：“今后几年，思科将只有一个竞争对手，就是华为。”这说明中国企业进军国际市场并非绝无可能，而是必须站在国际化的高度上去看待国际市场的发展。应该说华为所在的电信设备行业比联想的PC业务区域性更强，也更难以开拓市场，然而华为做到了，联想却因为不敢面对国际竞争而选择了多元化。

联想真正的多元化是从进军网络开始的，当杨元庆感觉到网络时代的到来后，他表现出对网络莫大的激情。2000年4月18日，联想的FM365网站终于在悬念广告“4月18日，谁令我心动?”的指引下开始了，而联想也延伸出对网络更为广泛的关注度。在媒体面前，它摆出了无所不能的形象：要成为最好的网络设备供应商，就像IBM；要成为最好的网络服务运营商，就像美国在线；要成为最好的网络内容提供商，就像雅虎和新浪、网易等。而2001年春天，杨元庆又提出了著名的“三年规划”：销售额每年增长50%，利润每年增长40%，2003年公司销售额达到600亿。

联想的多元化尽管出于外界机会的引诱，但依然做的有声有色。在互联网方面收购了赢时通并与新东方合作成立教育在线等，这些项目后来都随着FM365的倒闭而销声匿迹；杨元庆还一度期望联想成为中国的IBM，将IT服务业作为发展方向，并将联想定位成“服务的联想”，收购汉普咨询公司股份、收购智软公司以及收购中望系统服务公司等都是杨元庆手笔，但最终也落得个出售的结果；其他诸如手机等业务刚开始亦是大动干戈最终也逐渐收缩。

联想的多元化发展方向之中，关联技术运用概念与IT服务是值得探讨的，也是具有发展空间与前景的，但为什么没有能够成功，与联想为什么走多元化之路有关，即联想期望迅速获取利益回报，在公司、营销、运营三个战略层面上没有进行很好的调整与规划，因此导致了这一切仅仅停留在概念的层面上。

经过4年的努力，联想的多元化没有取得预想中的发展，倒是主业PC业务却在竞争对手的追赶下销量逐年下滑。杨元庆意识到在PC行业成功并不代表在所有的行业都能够成功，于2004年进行战略收缩，联想的多元化走过了一个苦涩的阶段。

后PC时期（国际化发展时期）

2004年，杨元庆终于决定从多元化之路上退出来，重新专注PC业务，同时开始早在1998年就应该开始的国际化战略。

2003年底，公司的决策者们收到了一些报告，这些报告显示，联想过去3年内23项业务大部分不能够达到预期的目标，而且每天都在吞噬着公司的资源，造成亏损。公司的主要利润来源依然靠PC业务，它占据了80%的销售收入和90%的利润，而且在所有人的心目中，联想依然是PC的代名词。在全球个人电脑制造商中，能够赚到利润的，除了戴尔就是联想，其余的不是亏损就是持平。于是联想选择了“专注”PC作为下阶段的主要发展，“我们已经意识到微机业务是联想的发展基础、生存之本，唯有首先将微机业务进一步做大做强，才能够为我们下一步的国际化与多元化奠定一个更扎实的基础。因此，我们制定的未来战略第一步就是专注，集中我们全部管理资源确保微机的成功。”杨元庆说。

联想的“专注”计划相当坚决，2001年公司有六大业务群组：消费类信息技术设备、商用类信息技术设备、手持设备、信息运营、信息技术服务、部件合同制造等。到了2004年春天，公司业务收缩为三类：A类业务：信息产品业务群；B类业务：联想移动；C类业务：IT服务。因为A类业务集中了公司80%的销售收入和100%的利润，所以确保其必须拥有15%的年增长率。紧接着，联想又将IT服务业务出售给亚信公司，断绝了成就IBM之路，总之，从此联想不再是四处出击的联想。

当然仅仅用“收缩”来形容联想的专注PC是片面的，因为在联想战略收缩的同时，我们又看到了一个扩张的联想：实施国际化战略的联想。其中最为明显的举动便是前面我们所看到的收购 IBM 全球 PC 业务，这也是一次孤注一掷的选择。

联想分拆：并非战略，却付出了战略性的代价

我曾经在多个场合听一些企业家谈起联想于 2000 年进行的分拆，话语之间透露出羡慕与钦佩，甚至将之视为联想一次完美的战略抉择，因为联想能够很好的进行业务分解，从而走出相互牵制的状况，同时留住了两名优秀的人才：杨元庆与郭为。然而一旦我们将联想分拆放在战略层面上去思考时，却发现这是一个错误（或者说不符合战略规律）的决策。当年柳传志做出这一决策时亦并非出于战略性思考，仅仅是为了留住两个人才。然而今天看来，这个与战略无关的决策却使联想付出了战略性的代价。

柳传志几乎在公司创建之初便开始培养新人，在他的三大管理要素中第一个便是“搭班子”，可见他对人才的重视程度。在联想快速发展的过程中，他曾经多次想从总裁的位置上退下来。到了 21 世纪初，关于接班人的问题成为他最为头痛的一件事，令他头痛的是他有两个优秀的接班人，两个都具有独立管理大公司的能力。企业接班人有多个人选，这是很正常的事，也是值得欣慰的事，因为许多企业往往连一个优秀的接班人也没有，而依靠外界引入空降兵，连 IBM 这样全球领先的大企业也不例外，20 世纪 80 年代末 90 年代初期 IBM 陷入困境时，为了劝说郭士纳担任 CEO 花费了大量的精力。

然而摆在柳传志面前的问题是两个都不想放弃，采取中国人传统的做法是将两者强硬的捏合在一起，可是经过试验，这样的办法无用；同时柳传志又不想学习韦尔奇，尽管他极其崇拜韦尔奇，还曾特意登门求访。韦尔奇在自传里详实的讲述了他选择伊梅尔特的经历，那是一个痛苦的过程，但最终他还是痛下决心让其他两个卷起铺盖走人，后来在通用电气走入低谷时，一些人甚至还批判韦尔奇选错了接班人。

经过反复思考，柳传志最终还是决定将两个都留下，方式就是将公司一分为二。为了不影响股票市场，他还编织了一个故事，说分拆是“自身业务的需要，就像不久前惠普公司成立安捷伦公司一样。”尽管遭

到一些人的反对，但分拆还是顺利进行，分拆后的两个公司分别叫住联想和神州数码，联想基本以 PC 业务为主，神州数码以代理业务和系统集成业务为主。分拆初期，由于存在竞争心理，双方都获得了一定的发展，但也正是这种竞争心态促发了他们的自负心态：一个大步跑进互联网，树起多元化旗帜，并发表了著名的“三年规划”；另一个则跨入了手机代理业务，酿成了一个严重的营销失误。可悲的是在 2000 年 5 月 12 日的“誓师大会”（又称交接大会）上，柳传志还发之肺腑的说：“所有的叮嘱最后熔成了三个字——‘要谦虚’，已经不再有你们无法解决的困难，但就是不能让‘自满’两字蒙住了眼睛”。

当然，关于分拆的故事还没有结束，随后的几年里联想与神州数码都陷入了增长困境，这表现在业绩上。经过研究，我比较认同战略专家姜汝祥的说法：“这种代价是当年分拆联想的结果”。联想继续做 PC，神州数码加大力度做 IT 服务，它们在业务层面上可以形成很好的互补，“IT 服务有未来但没有现在（不挣钱），PC 有现金流，但没有未来，这两块正好形成战略上的互补。”（姜汝祥语）然而将它们分开后会是什么样呢？联想没有未来，所以千方百计的寻求第二业务乃至第三业务，最终走上以失败而告终的多元化之路；神州数码却因为没有现在而不能够全力实施 IT 服务战略，而要大力发展现金流，甚至去并购长城 PC、代理手机业务等。一个与战略无关的决策，最终使联想付出了战略性的代价。

对于联想分拆，我赞成姜汝祥的建议，最好的选择是将联想与神州数码合并。如果经历过风雨沧桑之后的杨元庆与郭为仍然不能够相容，那就采取一种折中的方法：联想接着做 PC 业务（联想已经开始重新专注 PC），神州数码做 IT 服务，由第三方联想控股起搭桥作用，将 PC 业务所挣的钱投入到 IT 服务业务上去。

在以上章节中，我主要讲述了联想 20 年来发展的风雨历程，讲述了联想发展过程中的成功与失败之处，在这一部分，我将回归战略原理，着重阐述促使这些成功与失败的原因是什么，从而为众多缺乏战略规划能力的企业提供一些参考。

联想PC业务为什么能够成功

联想的PC业务自1994年开始走向辉煌，至今仍是联想利润的主要来源，占据着90%的销售收入和100%的利润，联想获得的所有赞誉都是因为微机业务的发展。我在前面曾说过联想选择PC是缘于柳传志的战略思考，尽管经历了4年的低谷时期，由于遵循战略规则，并在杨元庆的带领下，在战略的三个层面上也得到了很好的执行，联想PC业务迅猛发展起来，而且一发不可收拾，以50%的年增长率递增着，直到2000年联想进入多元化。

许多人评价联想PC业务成功时喜欢将主要功劳放在杨元庆的身上，说是杨成就了联想的PC业务。我不认同这样的说法，与其说杨成就了联想的PC业务，不如说柳传志的战略思维成就了联想的PC业务。我相信没有杨元庆，联想的PC业务依然可以做起来，只不过可能没有这么迅速与辉煌，因为柳传志已经看到了个人计算机时代的到来，而这是任何个人的力量无法阻挡和形成的。

我宁愿相信柳传志在PC业务上投入了无数的思索和精力，对当时的计算机行业发展趋势有了深刻了解，才决心将杨元庆推到前面来赌一把的。因为今天我们回顾联想PC的发展史时，发现联想完全迎合行业的发展趋势与市场的需求。

个人计算机时代已经到来

今天我们都知道个人计算机时代已经到来，但是在20世纪80年代末90年代初期便意识到这一趋势的人为数不多，柳传志就是其中之一。早在1987年他便相信未来中国的计算机市场一定是个人计算机的天下，而联想要生存必须满足市场需求，在那时他已决定要走上PC业务这条道路。也许在那个时期计算机行业还有其他发展趋势，但趋向个人市场绝对是其中最重要的一点，这对于联想PC业务的发展来说至关重要，掌握了行业发展的趋势意味着成功的一半，反之则必败无疑。当年IBM正是由于没有意识到个人电脑天下的来临，而死守着传统的大型电脑业务，最终陷入生存泥潭的。

联想不只是看到了这一发展趋势，还结合了中国市场的特色，创造了符合中国消费者需求的计算机行业新概念：家用电脑。这是一个可以载入中国乃至世界计算机行业史册的创造，它不但迎合了中国计算机行业的发展趋势，也引导着（或者说开创着）新的消费需求。让电脑从办公和商务人员的办公室里走出来，进入千万个家庭，这在当时可以视作为划时代的创举，微软的创始人比尔·盖茨说："让全世界的办公桌上都有一台电脑。"而联想人说："让全世界的家庭都用上电脑！"这一切在今天看来平淡无奇，在当时却决定着联想的未来，如果看不到这一切，我相信柳传志不会让联想介入 PC 业务的，也不会有今天收购 IBM 全球 PC 业务的壮举，可能仍然停留在依靠代理生存的路上，也可能成为千万个消失了的公司中的一个。

价格：个人电脑市场的需求标杆

看到了行业的发展趋势以及创造一个蛊惑人心的概念，只是意味着有一半的成功可能性，重要的是还要满足市场的需求，为消费者创造价值，也就是遵循战略的第二大规则。

20 世纪 90 年代初期日益正规的计算机教育进一步刺激了家用电脑市场的发展，父母们期望能够为孩子购置电脑，而越来越多的人期望在家里使用电脑。慧聪商情网的一份调查报告显示，北京当时有 42.41% 的家庭打算购买电脑，还有 47.02% 的家庭准备在未来两年内购买电脑，柳传志的预测终成事实，个人计算机时代迅速到来，家庭用户不再是潜在用户，而形成了实实在在的消费群体。但是整个家用电脑发展似乎并不顺利，症结在于中国家庭收入偏低，大城市的职工年均收入不足 4 000 元，这就导致了价格成为他们购置电脑时最为关注的重心。也就是说谁想走进千家万户，谁就得将价格放在首位。

同时，家用电脑不同于商用电脑，人们似乎并不需要性能卓越、配置先进，而是追求实用主义，这就是为什么苹果、惠普、IBM 等知名品牌始终没有在中国市场大大发展的主要原因，毕竟中国人的整体消费水平有限。

回归代理？算了吧

联想当时依靠代理业务赚取了大量利润，应该说继续做下去也能够活得很好，但做代理总是感觉自己的半条命掌握在别人手里，风险很高，柳传志难以接受这种状况继续下去，更何况他已经找到了新的发展方向：个人电脑业务。他的目的很明确，要拥有属于联想自己的业务，属于联想自己的未来，一旦人拥有了一个更好的发展前景就很难在退回来接受过去的成功，成大事者更是如此。

战略的第三大规则是必须建立在企业的长远利益回报的基础上，创造企业的可持续增长，从事微机事业正是这样一项事业，从当时的角度来看，个人电脑业务再做十年也有空间，直到今天，PC 业务依然是全球为数不多的最大行业之一。尽管联想不是最先进入个人电脑业务的中国企业，但也为时不晚，重要的是通过代理 AST，他们积累了许多个人电脑业务的经验。

遵循市场价值需求以及为企业创造利润的原则，杨元庆启动了低成本战略，将计算机制造成本控制在最低极限，在今天这种努力依然有效，联想的 PC 业务仍然拥有 5% 以上的利润，这在行业内是少见的。

从战略的三大规则来看，联想选择 PC 业务是遵循战略原理的，然而在 1992 年、1993 年两年的时间里，联想的微机业务并没有取得良好的市场反应，尽管有“1+1”（教育/家用电脑）、“人类失去联想，世界将会怎样？”等出色的创意。究其原因，很简单，企业战略在战略执行的三个层面上没有得到很好的体现。一个明显的例子就是各部门都希望自己能够创造利润，自主性的加大成本，最终造成财务上的成本远远高于计算机的实际制造成本。这便需要一种全新的管理方式和业务模式。企业发展到一定程度，必须根据市场变化的需求进行内部管理体系与业务流程的改造，西方企业将之称作为“企业再造”，而 90 年代初期的联想需要的正是这样的“再造”，以往的代理模式已不再适合联想微机事业的发展了，于是，杨元庆应运而升。杨元庆不是一个出色的战略专家，却是一名杰出的营销专家，当他成为联想微机事业部的负责人时，进行了大刀阔斧的改革，实现了以市场需求为导向的业务模式，从而完善了联想 PC 战略的三个层面。

引领个人计算机市场

1994年，柳传志一面高举着振兴民族微机品牌的大旗，由此赢得了国家电子工业部门多位领导的大力支持，一面对其下属强调联想要成为个人计算机市场的领军企业。早在1989年他便为联想进行了这样的定位，“让联想微机成为中国名牌”、“我们将要与台湾的宏基比比高低”，追溯得更早一点则可以到决定代理AST的1987年。

引领个人电脑市场，这就是柳传志为联想制定的公司层面战略，也是他多年奋斗的梦想，他为之付出了太多的心血与精力，因此在面临困境时，他依然为之孤注一掷。这时，他将这一目标交给了杨元庆。

与消费者的购买能力相适应

杨元庆不愧为营销高手，他深刻的洞察了中国亿万家庭的需求心理，就任后的第一步就是将价格作为联想微机在市场中的竞争利器，他要为中国家庭提供最适应的电脑，而价格是第一要素。围绕着价格他启动了低成本战略，使联想的微机产品价格大大低于竞争对手，从而迅速成长为中国PC市场领军企业。不仅如此，他还策划了一系列的营销活动并调整了整个业务模式，这一切取得了良好的市场效果。主要集中在以下三个方面：

一、营销创新。联想在计算机产业中的营销创新几乎全都是具有开创意义的，一经推出立即产生一定的市场轰动效应。1994年，杨元庆决定将家用电脑改成“E系列”，即“经济型电脑”，由于千方百计的降低价格，“E系列”的市场价格仅仅是竞争对手的一半，一上市便引起了轰动，30天卖出了5 500台，紧接着“G系列”（绿色电脑）、“P系列”（奔腾电脑）等相继登场；1995年，联想又推出了别具匠心的“1+1星座系列家用电脑”，令记者们兴奋不已；为了推动中国电脑普及事业，一场叫做“联想电脑快车1995中国行”的大规模活动拉开帷幕，3个月的时间内“联想电脑快车”转遍了整个中国，引起了众多中国人的广泛关注；1996年为了争夺中国PC市场第一，杨又策划了被媒体称作为“中国个人计算机市场的一场惊雷”的一系列的降价活动，通过这些活动，联想PC占据了10%以上的市场额成为名副其实的中国PC市场老大，而由产品、维修、培训、商务、公关、市场宣传和管理7个环节组成的“彩虹计划”使批评联想微机质量不好的人闭上了嘴；与宏基联手开发的“全民电脑”同样引起了广泛关注……一系列令人眼花缭乱的营销活动与概念造就了联想的PC业务。在此过程中联想的品牌价值也得到了大大提升，到了1998年，联想的品牌价值已经达到41.81亿元，排在了中国最具价值品牌榜前十位，仅次于海尔、长虹等。

二、产品创新除了“E系列”“G系列”“P系列”等概念性的产品，联想还成立了个人电脑事业部，将工业设计概念带入电脑设计，先后推出了“天蝎”、“天琴”以及后来的因特网电脑“天禧”等。这些设计出色的产品在市场上对联想的品牌塑造起到了很大的促动作用，也为联想赢得了许多荣誉。“天禧”还获得了英特尔公司的“创新电脑设计大奖”，并获得了2000年的CDMDEX电脑展会大奖（号称信息产业的“奥斯卡”奖），这是中国人首次在全球最权威的电脑制造业评比中获得设计大奖；

三、销售模式改制杨元庆将代理惠普时学到的分销体制引入了联想PC，提出一个“让渠道赢”的口号，让销售人员去发展渠道（代理商）而不是自行销售，通过这一举动，联想的市场份额急速增长，销售成本也得到了良好的控制。通过以上种种努力，联想的微机业务迅速走向辉煌，并于1998年成为首家突破100万台的中国PC企业。

市场要我们怎么做，我们就怎么做

运营层面战略是公司战略与营销战略得以实施的保证，运营必须以市场为导向，一切围绕市场的需要展开，联想做到了这一点。

一、将过去分散的权力全部集中到杨元庆一人手中，这样更利于资源的调配从而促进目标的实现；

二、将采购部门作为成本控制中心，大大地降低了单机生产成本，取得了在市场上竞争的价格优势；

三、人员精简，将多余的人员统统削减，做到责任分明，效率大大提升，最明显的便是将销售人员裁减到最终只剩下18人，号称“18棵青松”；

四、成立个人电脑设计部，为联想引领个人电脑的消费潮流打下伏笔；五、实施 ERP 工程，1998 年始，联想的管理体系跟不上发展的需求，公司正式启动了“ERP”工程，这项耗资 2 000 万、持续 14 个月的工程为联想今后的发展打下了坚实的基础。

谈到这里，我相信读者一定能够明白联想 PC 为什么能够成功。一个企业的战略符合战略规则，运营层面战略又能够与公司、营销两个战略层面完善的结合起来，则成功是必然的，联想 PC 正是如此。只是很可惜，并非战略大师的每一步都能够符合战略规则，柳传志自然也不例外，于是联想走进了多元化。

联想的多元化为什么会失败

随着 2004 年进行战略收缩，重新专注 PC 业务，联想的多元化走到了尽头，联想在多元化发展之路上走了 4 年。当年被视作联想新增长的多元化为什么会失败？我想这是许多人关注的主要课题。现在，我们来分析一下其中的主要原因。

多元化：联想失败 VS 通用成功

谈起多元化，人们首先会想到韦尔奇和通用电气公司，许多中国企业都将通用电气作为自身的偶像，纷纷选择多元化。其实大多数企业模仿的只是通用电气的表象，通用的多元化绝非“1 + 1”那么简单。关于通用电气多元化为什么能够成功的原因很多，在这里我根据联想的多元化状况只提三点：一是管理，通用电气拥有完善的业务运营系统，通过这个系统，通用电气可以保证所有的重大战略措施在一个月内进入操作状态并取得良好的效果；二是体制，简单直接的管理体系是韦尔奇能够将“大公司做小”的主要原因；三是经营理念，韦尔奇有一个“数一数二”经营理念：除非在新介入的行业中做到“数一数二”，否则立即撤退。在他为期 20 年的任期内，他所出售的企业并不比他购买的企业少。

我们回过头来看看联想的多元化。首先管理上，联想的多元化采取的是一种分散性的管理方式，各个产业各自为政，缺乏一系列明确的考核标准；在体制上，多个产业没有明确的管理责任与目标，造成了资源的过多浪费以及管理的繁琐；在经营理念上，联想做多元化的目的是为了做大做强，追求的是表面上的规模，对所介入的产业并没有清晰的认识，我甚至怀疑有一些行业连联想人自己都不明白利润从何而来。造成这些状况的原因在于以下三个方面：

一、机会主义滋生。联想放弃国际化走多元化缘于机会心态，更多的依赖于中国市场的“沼泽地”保护作用，参与国际竞争较难，还不如在熟悉竞争环境的中国市场多介入几个行业，迅速将企业做大做强，其实我们知道无论今天我们在中国市场上有多么强大，一旦中国融入国际市场，我们依然无法逃脱国际化竞争。

二、有战略目标，没有实施步骤与策略。在追求多元化发展的 4 年里，联想制定了太多的目标，这些目标过多的关注数字，对于如何达到这些目标却没有明确的规划。因为对各个行业没有深刻的认识，联想采取了并购的手段，但并购对于以营销见长的联想人来说很陌生，所以失败不足为奇。

三、领导人过于自负。有一段时间，杨元庆认为在 PC 业务上获得成功就可以在所有产业上都获得成功，然而事实并非如此。多元化战略失败以后，在回答凌志军的访谈中，杨元庆承认了自己的自负，“那时候觉得自己的能力强得不得了，只要是行业方向好，我拿来就做，不管这个行业跟自己的能力差距有多大。”

其实联想的多元化中不乏出色的构想，下面我们着重分析一下联想的关联应用技术与 IT 服务。

关联应用战略在于建立标准

2002 年底，联想举行了“Legend World 2002”会议（联想技术创新大会），在本次大会上，参与者听到的最多的词是“关联”，联想希望和它的合作伙伴们将通讯、电脑、家电产品等进行智能连接，协同工作，从而实现互联互通，同时还提出了关联信息应用和关联社会信息服务。这说明联想开始启动第二层面业务（服务器、手持外设等），杨元庆曾于 2001 年宣布联想将分为三层产品业务链：第一层业务链是提供现金流的 PC、笔记本和主板机业务；第二层业务是指服务器手持、外设等；第三层则是为未来发展做准备的 IT 服务类。现在联想似乎急于寻求突破，提出了“关联应用技术”概念，而且覆盖面还很广。我们先来看一下联想是如何定义它的“关联应用战略”的。根据一些资料显示，联想的关联战略包含以下内容：

一、关联个人信息终端：家电、通信、计算等多种个人信息终端通过一定的协议实现智能互联、资源共享、协同服务；

二、关联企业信息应用：企业内部的应用和基础架构管理更趋水平化；通过对基础架构的集中管理和动态优化达成资源的充分共享利用；基于开放式标准构架的应用软件和中间件使得应用之间能够充分协同。

三、关联社会性信息服务。IT 运营服务商通过他们遍布全球的基础架构和应用资源方便地帮助企业/组织实现他们所需的应用和服务；同时各企业/组织所提供的服务，通过一定的规则和协议关联组合，可以一站式地协同满足客户的需求。最终实现以主动的方式，无缝地整合网络资源，为用户提供高效、贴切的服务，充分释放网络能量。

通过“关联”概念，联想将摆脱 PC 制造商的企业形象，而 PC 业务以外的利润是联想长期以来的追求。“关联应用”概念其实并非联想最先提出，在三星、诺基亚等企业的发展战略中也可窥一斑，如三星的“数字集成”定义的也是这一企图。无论是“关联技术”还是“数字集成”，总之都需要“融会”，将所有的家用电子类产品“融会”起来，创造自由灵活的生活空间。做到这一点，对企业两个方面的能力提出了要求：整合能力与建立标准的能力，而起决定性作用的是建立标准的能力。联想自行定义设计的关联终端协议已经初步达到设计目标，预置了该协议的家电、通信、计算机等信息终端，可以随时随地的动态组网，产生新的功能和应用方式，但是这仅仅是个基础，重要的是相关终端生产厂家是否认同联想所制定的“标准”，即这种“协议”能否满足市场需求。联想的“关联应用”首先需要电子生产厂商依据统一的标准生产产品，如果没有长虹、TCL、厦新等厂家的支持，仅凭联想自己单打独斗，恐难支撑“关联应用”，那么最终只能沦为一个出色的概念而已，事实正是如此。

联想为什么成不了 IBM

杨元庆一直期望联想能够像 IBM 那样进军 IT 服务领域，为逐渐增加的企业客户提供新的服务。而且向服务转型已成为 IT 业的主要趋势，但对于自 1994 年起就始终在管理联想 PC 销售的杨元庆来说，这是相当大的挑战。

成为“服务的联想”是联想自 2002 年开始的重要目标。杨元庆对联想 IT 服务的期望值很高：2002 年联想 IT 服务业务营业额达到 1.5 亿元；在此之后的几年里将持续以 100％以上的年均速度增长。5 年以后，即 2006 年要占到集团总收入的确 15％，总利润的 20％以上。联想服务的领军人物俞兵在 2002 财年动员誓师大会上给自己下达的指标是：营收将力争突破 5 个亿；争取三五年进入 IT 服务的第一集团军。

2002 年联想选择了最高端的 IT 管理咨询作为 IT 服务的切入点。2002 年的 7 个月内，联想引进了汉普和智软两支软件开发队伍，并购了 3 家系统集成类公司。目前联想 IT 服务在电子政务、金融、保险、电信等四大业务领域的服务策略全部浮出水面，加上 IT 服务基础平台、水平应用及系统外包三大横向业务，联想初步实现了“三横四纵”的业务布局。

然而，联想的 IT 服务业务表现并不理想，始终处于亏损之中，2002 年亏损 6 140.5 万元人民币，2003 年亏损 5 800.9 万元；2004 年也没有什么好转，面对连续亏损，联想在 2004 年的新三年计划中将 IT 服务在集团业务链中的地位降低，并于 7 月份将其出售给亚信公司，联想在 IT 服务业的雄心壮志一去不返。

IT 服务是趋势已成公认，但为什么联想做不好 IT 服务呢？

通过对比传奇 CEO 郭士纳率领下的 IBM IT 服务战略，我们发现联想的 IT 服务业务主要败于一点：缺乏孤注一掷的决心与勇气。

郭士纳在其自传《谁说大象不能跳舞》中描述 IBM 的 IT 服务业务时用了两个“赌注”：一是对行业发展方向的赌注；另一个是对 IBM 自己战略的赌注。他坚信信息产业将变成以服务为主导的产业，而不是以技术为主导的产业。而且他还认为这是“一个有理由为之奋斗和承担风险的事业”，所以 IBM 人准备“背水一战”。正是在这样坚定的意志下，IBM 选择 IT 服务战略，通过数十年的奋斗，收购了四十多家公司，今天 IT 服务业务收入已经成为 IBM 的主要利润来源。回顾联想的 IT 服务业务，我们发现联想只给 IT 服务业务 5 年的时间，且要做到占据集团总收入的 15％，实现不了便关门大吉，事实上联想也这样做了，这完全是机会主义心态在作祟。其实，联想介入 IT 服务业务的两年里，虽然整体上处于亏损状态，但业务增长却远远高出行业平均增长水平(2003 年全国 IT 服务业务增长是 31.5%，联想 IT 服务增长率却高达 198%)。同时联想的 IT 咨询服务也很出色，2003 年以 3.5%的市场份额跻身国内咨询市场前三名，仅次于 IBM 的 11%和惠普的 8%。尽管联想的 IT 服务业务没能实现 2002 年制定的预期目标，但一切似乎欣欣向荣，如果联想也像 IBM 一样拥有“孤注一掷”的勇气和决心，结果如何，尚难以定论。

回归 PC 业务：联想的未来在哪里

2004 年，联想经历了多元化发展之痛，重新专注 PC 业务，开始了后 PC 时期。经过了 4 年迷惘期的联想能否重新把握住 PC 行业发展的新方向？联想又是如何为自己重新定位的？关注联想发展的人会发现，回归 PC 后的联想在中国市场上其实并没有太多的创举，而是重复着 20 世纪 90 年代的成功模式，只不过更为彻底和灵活。

⮞联想的农村革命

继续“让所有的家庭都用上电脑”的理念，联想开始了令业界侧目的农村革命，而利器依然是以往获得成功的“价格”。2004 年暑期，联想向农村推出了 2 999 圆梦系列电脑，这是目前市场上价格最底的电脑。杨元庆的市场逻辑很简单：美国 2 亿人口年销售电脑 4 000 多万台，而中国 13 亿人口年销量却只有 1 000 万台左右，为什么？因为中国广阔的农村市场还远远没有打开，今天中国电脑市场的中心将从大中型城市向乡镇级地区转移。这是不可逆转的发展趋势，并将成为中国电脑市场未来 5 年内新的增长点。

其实联想并非农村电脑的首创者，早在上个世纪 90 年代，美国电脑公司 Gateway 便通过这一策略来对抗戴尔、惠普等竞争对手。Gateway 用黑白相间的奶牛作为标志，追求平民化，赢得了美国广大乡村消费者的喜爱，而公司也被亲切地称为“母牛电脑公司”。通过低价策略 Gateway 以年均 30% 的速度增长，1999 年成为美国增长最快的 PC 厂商。

Gateway 甚至将这一策略在全球市场上应用，并取得了一定的成功。然而当 Gateway 想从乡村回到城市时，却遭到了挫折，并逐渐沦为输家。一些评论家担心 Gateway 今天的烦恼将成为联想明天的烦恼。

联想的下乡运动引起了业界的争论，站在另一边的是英特尔。英特尔认为 3C 时代已经来临，PC 制造商应该从技术创新入手，开发新的应用和需求。而 2 999 元的电脑是对消费者不负责任的。如果联想只致力于开拓乡村市场，这又将是一个战略性的错误。然而联想人似乎并不担忧，因为他们已经做好了准备，那便是收购 IBM 的全球 PC 业务，IBM 在高端技术的优势将弥补联想自身所存在的缺陷。

⊙对抗戴尔：市场驱动化的联想

联想重新专注 PC 必定逃不开与戴尔一争高低，戴尔是世界 PC 之王，联想是中国 PC 老大，无论是联想实施国际化战略，还是戴尔抢占中国市场，他们之间的竞争终难避免。

许多人认为联想很难应对戴尔的直销模式，连战略专家姜汝祥也这么认为，“当戴尔与联想相遇，戴尔的核心竞争力终将一点一点的发挥出来，反观联想，却可能一点一点的丧失优势。”他的依据是“因为戴尔玩的是‘低成本高品质’的游戏，而联想玩的是‘品牌支撑渠道’的增值游戏。”说到底还是“直销”与“分销”的区别，因为直接销售，所以可以做到低成本并根据消费者的需求提供产品，而联想的分销模式却因为中间存在代理商增加了成本，对消费者的需求反应也较为迟钝。我认同姜汝祥的观点，但我不认为联想在这场竞争中没有胜数，其实无论是直销还是分销，最重要的是能够最大化的创造顾客价值。如果联想能够真正站在消费者需求的角度，提供适合他们需要的产品和服务，并努力将自身打造成市场驱动型企业，谁胜谁负一时还难以下结论。

事实上，戴尔的直销在中国并非理想中那么有效，毕竟中国消费者有自身的消费习惯：他们喜欢货比三家，一手交钱一手交货，他们认为电话那头以及网上发布的信息是不可信的，最重要的是他们口袋里的钱少，所以在购买电脑这样的产品时会变得小心谨慎。另外，戴尔的直销到了中国市场亦将转变为分销，因为中国区域过大、城市太多，如果全部通过直销方式来操作，在人员与物流成本并不比分销低，甚至由于直销对人员的要求相对较高而成本相对更高。针对这些现状，戴尔并没有墨守成规，而是灵活运用，尽管至今戴尔还没有承认他们在走分销道路，但戴尔电脑已经摆进了越来越多的零售店。中国管理传播网上的一篇文章说："戴尔四成以上的产品是通过分销渠道到达消费者手中的。"当然，直销对于企业和政府客户来说还是有效的，对于一些文化以及收入水平相对较高的个人也是有效的。

我觉得对于联想来说，首先要做的是读懂直销，即搞清楚戴尔直销背后的东西。笔者曾经跟戴尔内部的一些员工沟通过，他们始终认为直销只不过是戴尔公司采取的一种销售模式而已，真正使戴尔成功的因素是"以消费者为导向建立组织与服务机构"，顾客需要戴尔提供直销服务，所以戴尔就提供直销服务。要按照顾客需求提供产品，戴尔必须建立起一套有着迅速反应能力的组织机构，首先得有完善而灵活的订购系统，其次是效率出色的采购系统和组装部门，这三大块是确保戴尔直销成功的关键，至于库存优势只不过是效率下的产物。联想曾经将戴尔成功的主要因素归结为"效率"，这是一个误导，"效率"是戴尔成功的因素之一，但绝不是最重要的原因。而且联想即使在"效率"上高于戴尔也并不代表能够超越戴尔，决定企业发展的是消费需求，而不是效率。

2004年春天，杨元庆对联想的业务模式进行了改革，提出了一种更为有效的混合型营销模式，针对不同客户群体，提供不同的高效的销售模式。《21世纪经济报道》说："直销、分销双管齐下，为联想提供了更多的胜算。"IBM、康柏、惠普等PC制造商都曾经通过业务模式的改变来对抗戴尔的直销，但是无一成功。联想能否摆脱这一命运也很难说，但是杨元庆的言说还是给了我们更多的信心，"(新的业务模式)核心是更贴近客户，更多地获取客户，更长期的经营客户。"以客户为中心给联想带来更多成功的几率。

但我认为仅仅在业务模式上进行调整还不足以对抗戴尔，更重要的是要让整个组织都围绕顾客需求运转，即建立真正意义上的"市场驱动型公司"。市场驱动型公司将消费者的需求放在首位，按照细分市场的消费需求进行公司和产品结构的调整，为了满足消费需求，他们会毫不犹豫的更改自身原有的产品、服务乃至组织结构。在未来取得胜利的企业都将是市场驱动型企业。

启动国际化战略：从中国 PC 第一到世界 PC 之王

人们发现仅仅用收缩不能说明联想在 2004 年的战略转型，因为同样是 2004 年，联想的国际扩张欲望变得很强烈，被搁置了 6 年之久的国际化战略重新被捡起，从此，联想要致力于成为一个具有国际竞争力的企业。

走国际化道路，就必须站在国际化的高度看待企业的发展

参与国际市场竞争成为世界领先企业，与在本土市场成长是完全不同的，一旦中国企业跨进国际市场，便将发现以往在国内获得成功的经验和方式通通失效。为什么许多中国企业的国际化战略难以成功？为什么许多中国企业选择多元化战略而不选择国际化战略？因为中国的市场和环境，许多中国企业成功是在特定的机遇和条件下的，促使他们成功的因素不是市场价值，而是市场机会。而在国际市场中不存在这样的机会，尤其是欧美市场，各个行业都趋于成熟，依靠机会是很难成功的。

今天，联想启动国际化战略，首先要做的是改变自身的运营观念，站在全球行业发展的高度上看待问题，同时需要对世界各区域的消费需求做一个深刻的了解，最重要的是未来是一个合作的时代，要在国际市场上赢得未来，就必须注重合作，与合作伙伴建立共赢的经营理念。总之，走国际化道路，就必须站在国际化的高度看待企业的发展。

联想的国际化旅程

联想尽管在 2004 年才显示其国际扩张的决心，而关注联想的人知道，早在 2003 年上半年联想就开始为国际化做准备，将以往的“Legend”标志换成了“Lenovo”。2004 年杨元庆将外界一直看好的 IT 业务出售，显示了其专注 PC 业务的决心，也显示了他走国际化之路的决心。我相信对于联想来说，重新专注 PC 并选择国际化战略是又一次孤注一掷。让我们回顾一下联想的国际化旅程，看一下联想期望如何走向世界 PC 之王的座位。

成就世界 PC 之王：联想新目标

联想的国际化战略目标很清晰，成为世界 PC 业领军企业。由于在未来利润回报最为丰富的 IT 服务业中没能够取得一定的成绩，联想选择了重新专注 PC 业务，并启动国际化战略。其实任何一个行业，只要能够进入前三名，企业就能够活得很好，一本名为《三法则》的书讲述的正是这一道理。更何况 PC 是为数不多的达到上千亿美元的行业之一，如果联想能够达成愿望，生存下去应该不是主要问题。

品牌：联想的核心竞争力

联想人始终将品牌作为自身的主要竞争力，自进入 PC 业以来一直对“联想”这一品牌进行投资，并且开创先河的利用明星作为代言人。近些年来，联想在品牌上的两次大的投资都是为国际化战略服务的：

一、换标事件

2003 年 4 月 28 日，联想使用了 14 年之久的“Legend”被换成了“Lenovo”，那个外方内圆的图案也不见了。这个事件引起了广泛的关注，一些记者将这一事件视作联想国际化战略的第一步，今天看来事实如此。换标的主要原因在于联想以往的标志“Legend”过于出色，在许多国家已经被别人注册，不利于联想的对外扩张，尤其是与国际奥林匹克委员会商谈赞助 2008 年北京奥运会，促使了杨元庆决定痛下决心更换标志。

二、赞助 TOP 计划

所谓 TOP 计划即奥林匹克合作伙伴计划，成为某个产业类的独家赞助商，具有一定的排他性，利于品牌的建设与传播。奥运赛事已经成为全球最大的活动之一，具有广泛的影响力和传播力，是品牌进行全球化推广的最佳选择。联想的这一举动似乎受到三星的影响，三星对奥运会可谓情有独钟，是奥运赛事的长期赞助商，先后多次参与 TOP 计划，甚至在亚洲金融风暴最为严重的 1998 年，那时三星还处于严重亏损之中。三星积极参与奥运会赞助活动，使其跻身于世界一流的品牌之列，起到了良好的市场效应。据说联想为了赞助 TOP 计划，付出了 2.5 亿美元以上的代价，现在联想的新标志与奥运五环已经并立在中国所有大城市的街头上，市场反映一片良好。当然联想的这一计划远远不是为了做给国人看的，因为 2004 年底他们有了更为彻底的国际化行为：收购 IBM 全球 PC 业务。

可见，联想更多是考虑其国际化战略。然而仅仅停留在塑造品牌方面而不强化对世界各地消费需求的理解，联想的国际化能否成功是不难断定的。

并购：联想的惊世之举

尽管在运营层面上，联想采取了一系列的措施，包括引起满城风雨的策略性裁员，但真正促进其国际化进程的莫过于收购 IBM 全球 PC 业务。对于这一举动，我完全持赞成态度，从柳传志自信的态度可以知晓联想为了这次并购已经做了大量的准备工作，他的话中喻示着联想进行这次并购已经具备以下三个条件：一是具有足够的经济实力，二是能够得到自己想要的回报，三是对风险有较强的把握能力。而且 IBM 将自己的 PC 业务交给联想也应该拥有完善的计划，毕竟未来是合作的商业社会，失去联想对于 IBM 来说也不是一件愉快的事。我唯一的担心是新的领导层能不能够对新联想进行很好的整合，将之转变为一家“随需应变”的公司，如果能做到这一点，联想的国际化战略目标近在眼前。总之，用“惊险的一跳”形容这次收购举动并不为过。

我们看到联想的国际化战略背后有一系列的措施，基本上在公司、营销、运营三个战略层面上都进行了调整，但目前联想所做的对于其成为世界 PC 之王来说还远远不够，因为目前联想的观念仍然停留在“做大”上，对于“做强”却没有太多思考，这是令人担忧的。

联想最大的敌人不是别人，而是自己

杨元庆在一篇文章中讲了一个故事，大意如此：“有两个人到非洲旅行，宿营的时候来了一只狮子。一个人赶紧爬起来穿鞋，另一个人却说，没有用的，你跑不过狮子。这个人回答说：我不用跑过狮子，我跑过你就行。”这说明在杨是一个“唯竞争论”者，这让我有一些担心，同样的情况也出现娃哈哈身上，宗庆后一直以将对手打人死牢为乐趣，这样的心态完全是片面的，并非没有竞争对手，企业就能够活得更好。

在这里我想送给他们一个“恐龙生存难题”：为什么恐龙不能够长久生存下去？根据生物研究显示，恐龙应该是远古时期最为强悍的动物之一，能够与之抗衡的动物屈指可数，但与其同时期的许多动物如鸟类等都生存下来了，恐龙却只能够在化石中观摩，为什么？我认为这个问题值得所有的企业家反思，因为这个问题对于企业来说同样存在。恐龙尽管能够战胜同时期的所有动物，却不能够顺应自然环境的发展，最终销声匿迹。那么今天我们能够战胜所有的竞争对手，明天却因为适应不了市场环境的变化而倒闭，又有什么意义？打败竞争对手并不代表企业能够持续发展。

因此，我认为一个企业要持续发展下去不是其拥有多么强大的市场竞争力，而是其是否能够根据市场的不断变化而提供消费者需求的产品和服务。如果不能，则这家企业最终必将被市场所淘汰。

行文至此，对于联想战略的成败，我们已有一定的认识。我个人认为联想的成败具有一定的典型意义，促使联想成功的原因正是许多其他中国企业成功的原因，促使联想失败的因素也正是许多中国其他企业失败或将要失败的因素。通过对这些因素的分析，希望能够给更多的企业带来参考价值与意义。

第三部

战略突破

走出增长困境

第六章
三星为什么会成功
——中国企业寻求突破的成功榜样

为什么三星能够成为国际性企业，而中国企业却只能局限于本土经营？为什么三星的成功是战略性成功，许多中国企业的成功是机会性成功？

中国企业应该向国际企业学习什么？中国企业真正的标杆在哪里？

三星为中国企业展示了一个原理：只有融入国际化的竞争才能够催生出国际性的企业，在某个区域里侥幸成功并不能够证明企业真正的成功。

中国企业普遍具有好学的优点，对于新的经营理念与管理方式接受能力很强，这也是众多经营管理理念能够迅速在中国流行开来的主要原因。然而，中国企业在选择学习的榜样时却缺乏一定的客观性，排在世界500强前列的企业都是学习对象。对于学习什么、如何学习却缺乏一定的认识，通俗一点说便是只看到国际企业成功的表象，而看不见国际企业成功的本质。为了避免重蹈覆辙，在解读对象时，我力求深入且所选择对象必须具有一定的可参考意义。

在众多成功的企业里选择一家企业作为阐述的对象并不容易，既要考虑其成功的持久性，还需要考虑这家企业对于目前中国企业来说是否具有借鉴意义。在IBM、通用电气、宝洁等国际成功企业为众多中国企业膜拜的今天，选择一家真正具有学习价值的企业具有一定的指导意义。中国企业家们很快便将发现通用电气等企业并不具备很好的可借鉴性：这些企业所存在的背景、发展的历程以及所储备的资源等，与中国企业难以形成可比性，这些因素制约着中国企业很难通过模仿在短短几年时间里成为国际领先企业，目前众多中国企业对通用电气等国际企业的模仿停留在表象之上，这是一种令人痛心的现象。学不到企业经营的本质，掌握不了支撑企业发展的规则，一切表象的繁荣都是短暂的，甚至是误导的，这便是为什么学习型组织、执行力等运营概念在中国大行其道，而真正获益的中国企业却很少。

榜样的力量是巨大的，但选择错误的学习对象则可能将企业引向歧途，近年来兴起的“通用模式热”导致了一批企业失利，三九、德隆等是其中代表。

三九前总裁赵新先对韦尔奇可谓备加推崇，在三九内部的会议上时常会出现“韦尔奇怎样，我们也要怎样”的句式。有人说成功的捷径是模仿，遗憾的是三九在模仿这条捷径上却越来越远，最终以赵新先出局作为三九“通用模式热”的结局。三九的失败说明在不具备同样的资源与能力时，采取国际企业的运作模式不仅难以促进企业发展，甚至还能为企业带来发展的桎梏。

在选择学习的榜样时，我们必须充分考虑企业自身的实质情况，选择真正适合自身发展的学习对象，适合的才是最好的。

为什么选择三星

三星集团创立于1938年，初期从事贸易活动，1969年投资成立三星电子公司，主要经营半导体以及各类大众电子消费品，三星电子发展初期凭借低廉的劳动力成本优势，为众多日本如索尼、三洋等企业进行OEM（贴牌生产），通过这一模式，三星电子拓展了自己的规模，成为韩国最大的制造企业。上个世纪八十年代中后期，三星电子推出自有品牌产品，依靠低成本优势和做OEM积累的快速灵活的生产方式，在韩国本地以及亚洲的一些地区形成了一定的影响，但处于市场低端，消费者只有在买不起索尼、松下、三洋等品牌产品的情况下才会购买三星的产品，三星产品品质也远远低于日本的各大品牌，三星的自有品牌之路走得很艰难。

命运似乎在跟这样一家企业开玩笑，1997年亚洲金融危机给三星电子带来了近乎是灭顶的灾难：负债170亿美元，低成本战略遭遇全面失败，幸运的是OEM业务继续了下去。但是三星电子并没有就此消失，在经过大量裁员与成本控制，并采取“集中经营”原则出售了大量的非重点业务后，三星走出了困境。与此同时，三星终于在与困难的斗争中寻找到企业发展的宗旨：优秀的战略决定着企业的发展。1999年，三星电子做出了使其得以快速发展的战略调整：以数字技术为中心，实现自有品牌经营。从此三星走上了发展的快行道，迅速成长为行业领先企业，并曾经超越象征着日本经济的索尼，而以往代表着低档的三星品牌也成为世界百强品牌之一，排名第25位（2003年）。

三星的成功引起了全球电子行业的强烈震撼，始终处于行业领先地位的日本企业也逐渐改变了对三星的态度，将三星看成主要的对手之一。三星电子是如何实现从OEM生产商向国际领先企业的飞跃的？分析三星的成功对中国企业具有什么样的意义？分析三星为什么成功是一个系统的过程，在这一部分，我先阐述一下分析三星的意义。

在三星集团的发展史里，我们将发现三星电子具有与许多中国企业发展历程的相似之处。除了同样地处亚洲，生存在同样的经济背景之中以外，以下几个相似点使得分析三星的成功是具有深刻的意义的：

一、三星电子是从帮一些日本企业做OEM起家的，通过做OEM，三星逐渐掌握了一些技术与生产优势，这与一些中国企业目前的状态具有惊人的相似。

二、三星在上世纪80年代几乎没有什么技术积累，产品质量处于市场低端，1998年开始质量运动后，三星的产品质量获得了大大提升，这意味着出色的经营能力是促进技术发展的主要因素之一。

三、三星也曾经走过一条以“量”取胜的道路，与众多中国企业一样，三星电子依靠其低成本与规模优势进行低价销售，形成了廉价的品牌形象，这条路差点成为三星的不归之路。

四、三星获得发展的主要时期在1998~2003年，这段时间同样也是众多中国企业的黄金发展时期。

三星与中国企业有着如此之多的相似之处，为什么三星能够突破，成为国际领先企业之一？而为什么更多的中国企业却依然停留在OEM阶段或利用低成本优势进行价格之争？为什么三星在短短的几年里取得了辉煌的发展并为未来打下了坚实的平台，而一些中国企业却在机会中迷失了方向？

三星的国际化与中国企业的本土化

三星的成功为我们带来了深刻的反思，也为众多走在国际化战略之路上的中国企业提供了一个成功的榜样，探析三星电子的成功将对中国企业的发展带来一定的启发作用。首先，我们来分析一下，为什么三星能够成为国际化企业，而中国企业只能局限于本土经营？

成也环境，败也环境

三星成为一家国际性企业已是众所周知，中国企业中实现国际化经营的却寥寥无几，为什么？为什么三星能够成长为国际性企业，而中国企业却难以成长为国际性企业？我认为造成这一结果的主要原因在于环境，众多战略大师如亨利·明兹伯格等都将环境当作是影响企业发展的主要因素之一。

三星电子产业的成长背景使得三星必须用国际性的眼光看待自身的发展。三星虽然处于亚洲四小龙之一的韩国，但国内市场毕竟很小，三星要取得进一步的发展必须开展国际性业务，三星的高层也迅速意识到：进入21世纪，世界将会进入无限竞争时代，国家之间的壁垒将会逐渐消失，如果一个企业在其所在的领域不能够成为领导者，那么它的生存将会受到威胁。于是三星开始全面推行由总裁李健熙提出的“新经营运动”，进行全面改革，使三星有了质的跨越。

中国企业则因为在国内市场已经可以存活得很好，更多的考虑国内市场的竞争，因此难以成长为国际性企业。中国自改革开放以来，经济迅速发展，人民的消费水平快速提升，成为全球发展最具前景的市场，并大有替代美国成为国际市场的重心之势。许多中国企业家认为在中国市场做好已经足够，于是将所有的发展重心都集中在国内市场上。一些中国企业家甚至扬言，在中国做到第一就是世界第一，同时经济的迅猛发展带来了很多机会，任何一个产业都可以获得大量的利益回报，于是中国企业纷纷选择多元化之路，对所介入行业的未来与趋势以及自身定位却缺乏深入的反思，这严重制约了中国企业的国际性视野与战略性思维，加之中国市场的市场化程度不够，有着深深的中国特色，因此许多中国企业是没有全球性发展眼光的。这一点与三星形成了鲜明的对比。然而，2001年中国成功加入WTO，中国市场将进一步融入国际市场，我们将按照国际市场的标准展开竞争，大量的外资品牌也大举进入中国市场，中国企业必须迅速调整运营理念，站在国际化的高度看待竞争、看待行业发展的趋势。总之，中国企业需要加快国际化的步伐。

环境成就了企业的发展，也制约着企业的发展。如果三星成长在中国市场，能否迅速崛起也将成为一个问号。正是由于韩国的市场太小，才给了三星成长为国际性企业的机会。

无独有偶，位于芬兰的诺基亚也是这样的案例之一。历史学家马蒂·海柯在《走近诺基亚》一书中写道：“由于芬兰地处偏远，国土狭小，这使得诺基亚以及其他芬兰企业不得不从全球的角度考虑问题，很早就开始培养自己的全球竞争能力。”正是因为如此，才使诺基亚成为全球手机第一品牌的。我相信众多日本企业能够在国际市场上占据长久领先地位的原因也正是如此。

战略决定命运

环境决定了三星与中国企业今天的结局，也决定了两者不同的企业经营理念。要在全球市场取得一定的地位，走机会路线是难以成功的，必须站在行业的高度上，进行完善的战略规划。

中国企业的发展并非出于战略，因为机会太多，做什么都有利可图，所以难以站在整个行业的高度看问题，也就难以形成战略。三星因为长久的困境而认识到要成为卓越的企业，就必须走出国内市场，就必须用战略性的思维去促进发展，站在全球行业发展的角度上考虑自身的未来与发展。

今天的结局取决于昨天的战略决策，战略决定着企业的发展与命运，中国企业要走出国门，成长为国际性企业，就必须站在国际化的高度上重新审视自身的战略抉择。

超越索尼：三星之梦

与众多企业一样，在三星人心目中也拥有一个梦想，这个梦想便是超越索尼，成为世界领先的电子公司。索尼依靠其创新经营在全球广受关注，并担负着世界电子行业发展趋势的代言人，随身听、CD 等创新产品都源于索尼，索尼是日本具有象征意义的企业，被称为“日本的骄傲”。而三星曾一度是索尼的 OEM 厂家，可以说索尼是三星最好的学习榜样，也是最出色的对手。

2002 年 3 月 19 日，美国《时代》周刊根据品牌认知度预测三星电子将在三年之内超越当时还是世界最大的家电企业——索尼。《时代》周刊在文章中说：“1997 年前，消费者只有在买不到索尼和三菱的电视与录像机才会购买三星的产品，但在 1997 年之后，三星的家电产品在品质方面已经跟日本公司不相上下，而且价格相对低廉，赢得了消费者的青睐。”在这个基础上，文章对三星将超越索尼做出了谨慎的预测。

随后，在不到半个月的时间里，《时代》周刊的预测成为现实。2002 年 4 月 2 日纽约股市发布股市信息，三星电子公司的当日股票市值为 65 兆 6 800 亿韩圆（约 496 亿美元），索尼则为 63 兆 5 600 亿韩圆（约 480 亿美元），三星电子比索尼高出了 2 兆 1 200 亿韩圆（约 16 亿美元)。这是三星有史以来首次超越索尼，消息一经发布，在韩国和日本引起了强烈的震动。因为在此之前，尽管韩国人认为三星电子是国内企业的佼佼者，但能够超越索尼还是出乎意料之外。更难能可贵的是在三星迅速攀升的时期，全球电子企业都呈现发展乏力的状态，索尼、摩托罗拉等都处于亏损之中。

三星电子超越索尼不仅在日本与韩国引起震动，在全球市场也引起了广泛的关注，英国《金融时报》以“青出于蓝而胜于蓝”为题对之进行了报道。而美国《财富》杂志则更为前卫地赞美了三星电子公司，指出三星电子之所以能够在产品创意、成功塑造高端品牌等方面超越索尼，是因为三星已经具备了赶超一流企业所需要的财务构造、市场支配力以及产品竞争力三个条件。

然而，三星真的超越了索尼了吗？

2002 年 4 月初，三星电子的股市价值超过索尼，但是这样的状况仅仅维持了一个月不到，索尼又迅速超越三星，这意味着三星期望超越索尼，还需要付出更多的努力。尽管三星已经取得了一定的优势，但在技术商品化、零部件调配能力、生产技术能力、全球营销力等方面，三星与索尼之间还存在着一定的差距。

但是这次短暂的超越给予了三星人乃至韩国人很大的鼓舞与热情，对于三星来说可谓一次短暂但意义深远的成功。

三星面临的突破抉择难题

三星的发展之路并非一帆风顺，在发展过程中也曾遭遇过挫折与危机，最为严重的当算 1997 年亚洲金融危机给三星带来的沉重打击。

1997 年 5 月始，华尔街的一些资本家们为了自身的利益操纵了一次席卷整个亚洲的金融危机，韩国成为继泰国受灾最为严重的国家之一，整个国家出口大幅度下降，经济严重缩水，由此给三星等韩国企业带来了沉痛的灾难，大宇就此成为韩国的一段商业历史。

三星在这次金融风暴中也经历了濒临死亡的危险，1997 年寒冷的冬季，三星集团进入了非常状况，李健煕会长咬紧牙关将该抛弃的子公司全部抛弃，该合并的也迅速合并，对所有亏损企业都进行了清算。

1998 年 3 月 22 日，在集团成立 60 周年的庆祝会上李健熙发表了一则令所有三星人一生都难以忘掉的悲壮的纪念词：“现在的经营环境是超高利息率和负增长，生存也不能够确保，是创业以来面临的最大的危机。为了公司，生命、财产，甚至名誉都可以抛弃。”

这里有一组数字可以表明三星当时的处境：1997 年三星的负债率高达 366%，1998 年仅仅三星电子亏损就近亿美元，负债更是达到历史最高点：170 亿美元。

幸运的是 1993 年开始的“新经营运动”为三星打下了一定的基础，通过“选择与集中”经营理念，三星通过大量出售子公司以及削减生产线与裁员等多种方式，终于走出了困境。下面是三星在此期间出售与放弃了的部分公司：

三星重工业的建设机械部门（被沃尔沃购买）

卡车（被克拉克公司购买）

三星物产流通部门（被 TESCO 控股公司购买）

韩国惠普股份（惠普购回）

三星电子能源设备部门（被美国飞兆公司购买）

军事产业（被法国汤普森公司购买）

卫星、寻呼机、工作机械等（撤销或者分拆）

通过出售这些企业，三星渡过了亚洲金融危机，获得了再生的权利。然而，这仅仅是第二次生命的开始而已，三星要取得发展，必须走出以往的经营状况。这时，摆在三星面前的是一个发展难题：突破？还是死亡？如果不能够迅速调整战略走出 OEM 的阴影，三星电子必然面临被淘汰或成为其他企业的附属工厂的局面。

三星后来的发展得益于亚洲金融风暴的冲击，在危机中，三星人意识到自身的短视，用李健熙会长的话说便是“在有利的环境中，对外界的变化一无所知，就如同井底之蛙一样目光短视”，从此三星改变了经营的理念，走上了真正的国际化经营之路。

下面，我们看看三星到底是如何成为世界领先企业的。

三星战略：数字融合

三星挺过难关是因为三星总裁李健熙的“选择并集中”运营理念，果断地出售了众多非主营业务，并对剩下的主营业务进行了全面的重组，当然1993年开始的“新经营运动”也为三星顺利渡过难关打下了基础。然而使三星得以发展的却是战略，如果三星在走出困境之后没有明确的战略定位，我相信三星很难成长为世界领先企业。

那么，使三星得以迅速发展的战略是什么？21世纪初包括索尼、摩托罗拉等在内的电子企业步入困境，甚至出现亏损状态，为什么三星能够幸免？而且三星的增长期正是这些企业走向困境的时期，为什么？

我们需要从三星电子公司1999年的成立30周年庆典活动说起，当时三星刚刚从困境中走出来，意识到全球化战略的重要性，并站在引领全球电子行业发展的高度上去寻求自身的发展。以出色的洞察力与前瞻性的战略眼光，三星预见了数字时代与信息时代的来临，于是在此次活动中，三星做出了有史以来最大的一次战略调整：以数字技术为中心，实现自有品牌经营，致力于成为未来数字融合革命中的领导者。为此，三星进行了不遗余力的产业结构重组，真正转变为一家市场导向性企业。

今天看来，三星的成功得益于始于1999年的数字化战略。三星是如何界定这一战略的？又是如何实现这一战略的？我想这是许多人更为关注的主题，经过对三星战略系统的分析，我们发现三星战略是完全遵循战略三大规则的，同时符合其当时发展的状况。

集成：三星眼中的电子产业发展趋势

数字时代已经不可避免的来到，电子行业正在发生着深刻性的变革：从模拟到数字，是整个消费电子行业的方向，索尼、摩托罗拉、爱立信、诺基亚等世界领先企业纷纷提倡数字化战略，然而1999年许多企业仍处于迷惘之中时，三星便已经开始其数字化战略布局，三星电子大中华地区总裁兼三星集团中国总部社长李相铉的一席话令我们深思：“数字时代的概念是最近才兴起的，但是三星在数码市场的工作已经有了一个很长的预备期，所以我们在事业的构成和技术力量等方面都早就已经准备好迎接数码时代的到来，而不像其他一些企业，是因为数码时代已经到来才着手制定数字时代的战略。”这充分展示了三星高层敏锐的行业洞察力，也是三星成功的主要原因之一，因为抢先一步，三星才成为数码时代电子行业的领军品牌之一。

然而，三星的目的不只局限于在数码时代电子行业市场中分一杯羹，而是想成为未来的集大成者，成为未来消费者生活中的一部分，于是三星提出了“集成”概念，他们认为未来的数码时代里，人们更需要一个解决整体方案的集合者，三星希望自己能够成为这样的提供者。三星宣称：“我们希望能够将计算机、消费电子产品和通信产品结合起来，就像韩国人把大米、蔬菜和肉烧在一起。”为了实现“数字集成”目标，三星电子延伸了生产线：PDA 手机、Nexio 超薄笔记本计算机、能上网的数字电视等，同时向移动数字网络、办公数字网络以及家庭数字网络三个领域出击。总之，三星要努力改变以往的形象与定位：在模拟技术时代，三星电子只不过是一个追随者，而在数字技术时代，三星电子希望成为一个领导者。三星几乎是不惜一切代价投入到这场数字变革之中。付出总有回报，2002 年 1 月 8 日，在拉斯维加斯拉开帷幕的“2002 年国际消费电子产品展示会”向人们预示了“集成”将成为趋势：视听技术与信息技术将紧密结合，消费电子与信息产品之间的无线联网也正在形成潮流，这一切证实三星当初的判断与预测是多么的正确。

当然，三星并没有就此认为凭借一己之力便足够做到“集成”，也承认自身与索尼相比仍然存在着一定的差距，毕竟索尼在数十年前便意识到“体验经济”的到来，早早将触角伸向了电影、音乐、游戏等领域，由此形成了提供从硬件到软件，再到提供数字化娱乐生活的全面能力。因此，三星要赢得未来，仅仅依靠自身的力量依然存在一定的缺憾，顺应这种需求，三星派生出一种新的能力：整合能力。

三星认为数字时代的竞争与产业时代的竞争是不一样的，由于各个公司在数字领域里的发展方向以及核心产品各不相同，因此各公司之间更多的应该是合作，而非正面竞争，于是三星选择“共赢”的合作方式作为未来的“集成”之路。也就是说三星将自己定位为数字融合时代的整合者，为此，三星还专门成立了数字多媒体网络事业部，专攻数字集成技术。

⊙自由：三星认为的市场价值需求

市场需求是决定行业发展趋势的主要因素之一，在三星人心目中，电子行业的未来是集成，集成的意义在于将所有的一切融合在同一个平台之上，从而为消费者的使用带来更多的方便性与灵活性，用三星的定义来说便是数字化自由。三星电子多媒体业务主席兼首席执行官陈大济在拉斯维加斯拉“2002 年国际消费电子产品展示会”上发表了一次重要的主题演讲，演讲中，他为人们构造了一个新的自由的数字化生活空间：未来家用电器将越来越多的与数字高科技融为一体，即数字化集中的最终演化，能够将所有的网络设备无缝隙、完美地结合起来。三星将提供令消费者意想不到的产品，为消费者带来兴奋的、全新的数字感受，消费者在任何时间、地点都可以得到他们想要的内容和服务，并在消费者可以接受的价格范围内提供最先进、最具价值的产品。三星要将人们从时间与空间的束缚中解脱出来，为他们提供他们想得到的一切产品与服务，这就是三星的“数字化自由”。2001 年以来，三星正在通过多种战略性合作将各个行业联合起来，创造新的、具有突破性的产品与服务，从而加快数字化自由的步伐。

总之，三星认为消费者未来需求的一个无限自由的空间，而三星正是这一空间的搭建者与构造者。

⊙融合服务技术创造利润：三星未来的利益回报

没有利润，企业无法生存，那么，对于三星来说，利润从何而来？毕竟一个企业不可能从一个想象的服务中来获取利润。

在对三星的事业结构进行分析时，我们发现三星最终的利益回报定位在融合服务上，即通过创造一个自由、完美的空间而获取利润来源，三星成立数字多媒体网络事业部专攻数字集成技术的目的正在于此。在相对较短的时期内，三星也有一定的利益回报，这就是其在移动数字网络、办公数字网络以及家庭数字网络三大领域都拥有一定的出色的产品，这些产品确保了三星能够为未来的发展打下坚实的基础。这完全符合三星的“种子、苗木、果树”事业分布结构，即在现在、短期内以及将来都拥有利润回报来源。

⊙技术创新：三星凭什么实现这一战略

三星不遗余力地推广数字化战略，面对众多电子企业的竞争压力，三星似乎踌躇满志，三星凭什么实现这一战略呢？三星人的自信从何而来呢？

我觉得有几点具有至关重要的意义：

一、开始于上个世纪90年代的“新经营运动”使三星具有了适应变革的能力，亚洲金融危机使三星拥有了国际性战略眼光，从而能够对行业的发展趋势做出准确判断；

二、三星电子形成了完善的事业结构，三星拥有成熟的数码系列产品、核心零部件等，构成了完整的机构，为全面的数码解决方案提供了基础与保障。

三、三星在半导体、液晶显示等方面拥有全球领先的核心技术。

四、三星拥有很多的技术专利和版权，三星在全球技术专利的排名为第五位。

以上几点具体反映在移动数字网络、家庭数字网络、办公数字网络以及核心部件等四个方面，为三星未来实现数字融合战略打下了坚实的基础。具体如下：

1．移动数字网络。在不断变化的商业环境中，人们正在寻找逐渐发展的无线通讯设施，以获得重要的信息，使之无论何时何地都能够满足自身的需求。三星是SOC、SOP和CDMA技术的领导者，致力于开发网络系统和无线终端技术使人们的生活与工作方式更加便利。三星在移动网络产品主要有CDMA手机、NexioS160PDA、SGH－V200数码照相手机等。主要负责移动网络的三星电子通讯网络事业部是世界上第三大移动电话生产商。

2．办公数字网络。三星电子对办公数字网络寄予很高希望，努力成为为办公人员提供一流设备的公司，三星主要通过强化其知名的显示器、个人电脑、电脑外围设备和IP终端以发展和支持这个产业。三星的办公数字网络主打产品包括X10、Q10超薄时尚笔记本电脑、24英寸多功能液晶显示器等。

3．家庭数字网络。家庭数字网络正在兴起，三星电子期望为家庭创造数字网络提供解决方案。公司预想使用存储芯片技术（SOC 系统）和 SOP 技术，通过数字电视为家庭提供网关系统，把所有的家用设备、娱乐设备和通讯产品连成一体。三星电子在这方面的积累有世界最大的 63 英寸等离子电视、外观设计流畅的 17 英寸液晶显示屏 HDTV、网络冰箱等。

4. 核心部件方面。三星电子除了将眼光集中在强大的芯片、超薄液晶面板、光区和精密技术上，还将眼光放在快速增长的、具有高附加值的行业上，像中小型的 LCD、LSI 系统和光纤产品等。从长远来看，三星会加强所有设备行业的核心部件，如 SOC、SOP 等。负责核心部件的三星设备解决方案网络事业部是世界上最大的 DRAMs、SRAMs 和超薄液晶面板生产商，也是闪存芯片的开拓者。

以上四个方面充分体现了三星在技术创新上的努力，构成了三星电子实现“数字融合”战略的基础，也为三星赢得了数字时代的领先地位。

三星战略如何实现

从战略的三个层面上解读三星战略的实施

三星依照行业发展趋势与未来的市场需求提出了“数字融合”战略，这成为三星发展的转折点，三星由此而成为电子行业的领军企业之一，应该说到目前为止，三星已经取得了在数字化战略上的阶段性成功，然而要在未来的数字集成服务中取得胜利，三星还有许多功课要做。下面，我们从战略的三个层面来探析三星是如何取得今天的成就的，又将如何走向明天。

数字融合革命的领导者：三星的公司层面战略

公司层面战略决定着企业的方向，没有明确的公司层面战略，企业难以获得持续的发展。公司层面战略是企业战略的具体化。三星自 1999 年起便已经很明确地提出自身的公司层面战略。“我们致力于发展成为知名的、具有灵感的品牌，我们领导的数字集成革命将会为消费者带来革命性的数字集成产品，从而改变人们未来的生活。”三星的目标很清晰：成为数字时代的领跑者、成为数字融合革命的一个领导者。

三星对“数字融合”概念进行了详实的阐述：把消费电子产品、计算机、通信和核心部件投入到数字融合的革命中去，数字化意味着将越来越多的功能集成到半导体芯片，而不是电路板和芯片组中，从而降低尺寸、重量和功耗，融合则指将计算机、手机、PDA 和其他电子设备组合演化到新一代产品中去，这些产品速度会越来越快。

为了深化“数字融合”概念，三星电子将自己定义为数码－电子公司，三星电子总裁尹钟龙说：“我们将转化为一家数码－电子公司，以实现我们的数字集成战略。”数码：通过重组部门业务和加强设计能力，集成和连接技术、产品和业务，促成产品创新，适应数码集成时代；电子：意味着管理速度更快，超前时间更短，就是通过快速有效的方式建立简单灵活的商业流程；公司：三星要实现相关方（投资者、员工和消费者）的利益最大化。

打造数字化品牌：三星的营销层面战略

我们知道品牌在未来的市场竞争中担负着重要的角色，一些营销专家甚至认为品牌是未来市场竞争的根本。三星要在未来的数字时代取得领导地位，就必须构建数字化品牌形象，使人们将三星与数字化融合等同起来。为此，三星展开了品牌运营，为创建一个全球领先的数字化品牌而努力。三星在所有的品牌传播中都始终强调一点：三星是数字时代的代言人，营销口号则是：三星数字世界欢迎您。三星的品牌塑造颇具成效，2003 年，三星的品牌价值已经上升到 108 亿美元，排名全球百强品牌第 25 位，超越了丰田、本田等日本的老品牌，仅以五位之差排在老对手索尼之后。那么，三星是如何创造这一奇迹的？

我认为三星品牌获得成功主要取决于以下几个策略：

一、参与奥运营销

奥运赛事已经成为聚合全球人类最具看点的活动，具有广泛的影响力和传播力，成为品牌全球化推广的最佳选择。三星对奥运会可谓情有独钟，是奥运赛事的长期赞助商，先后多次参与 TOP 计划，赞助了 1998 年长野冬季奥运会、2000 年悉尼奥运会、2002 年盐湖城冬季奥运会、2004 年雅典奥运会等。近期，三星又以无线通讯设备全球官方合作伙伴的身份与可口可乐、通用电气等 8 家国际大型企业一起，参与 2008 年第二十九届北京奥运会全球赞助商计划。三星积极参与奥运会赞助活动，使三星跻身于世界一流的品牌之列，起到了良好的市场效应。

二、搭车《黑客帝国》

打造数字化形象三星进行品牌宣传时极其注重品牌自身的内涵，对于难以形成数码概念想象的传播形式，三星丝毫不感兴趣，但一旦某种方式可以很好地传达出数码的感觉，三星则绝不放弃。选择《黑客帝国》正是出于这样的思索。通过详实的调查，三星发现在自己的目标客户群体里，《黑客帝国》具有绝对的影响力，于是“三星带您感受黑客帝国”掀起了新一轮的推广活动。

三、体验行销

随着媒体的种类增多以及信息的纷繁，广告、促销等手段的作用越来越小，而让消费者直接感受到产品与服务品质的体验营销逐渐兴起。三星在产品创新等方面拥有一定的优势，因此使用体验行销具有很强的效果，可以通过直接感受创建三星追求尖端与创新的数字化品牌形象。三星在中国开设了多家“数码体验馆”，每天都会有许多人感受到三星的创新意识，实现了与消费者的真正互动。

四、代言人策略

一个出色的形象代言人对品牌形象的建设能够起到很强的促进作用，三星自然不会放过这一策略，如在中国市场，为了传达三星电子的品牌内涵——时尚、健康、活力，经过多方考证，三星选择了香港乐坛天后级巨星陈慧琳，当年凭借一首《情不自禁》而一举成名后陈慧琳连续推出数十张专集，风靡华语乐坛，同时略带几分“酷”的形象，很好地传达出三星电子的品牌内涵。以上这些策略为三星的品牌塑造起到了很大的推动作用，使三星迅速成为新一代年轻人喜爱的品牌之一，这从三星的市场状况可窥一斑。

我们知道品牌如果没有出色的产品品质作为支撑，再知名的品牌也是无源之水、无本之木，三星深刻地认识到这一点，早在 20 世纪 90 年代，李健熙会长便提出了“质量经营”，并曾经将所有存在质量问题的产品点火焚毁，从根本上震撼了三星员工的质量意识，同时，三星开始推行六希格玛质量管理，以保证产品质量和客户满意度达到最高水平，以质取胜改变了三星以往低质的品牌形象，而出色的产品设计是塑造品牌内涵的最佳方式，在三星人眼中，设计也是生产力，是促进企业发展的第三种力量。自 1998 年至今，三星电子通过自身的努力，获得了美国工业设计协会颁发的 17 项工业设计奖，连续 5 年成为获奖最多的公司，获奖总数与以创新著称的苹果电脑公司持平。

除了产品本身的品质之外，服务品质也是品牌另一个重要的支撑点，在产品同质化的情况下，人们越来越注重企业的服务品质，为此，三星电子提出了“三心”服务之道，即“称心、舒心、放心”，通过“三心”服务，三星为消费者提供了最优质、最完善的服务，赢得了消费者的青睐。

以上策略构成了三星营销层面战略，当然三星所采取的营销策略远远不止于此，但所有的营销策略目的都很明确：打造数字化品牌，一切为了实现三星“数字融合”战略。

全力拥抱数码时代：三星的运营层面战略

运营层面战略是为企业战略服务的，通过对内部组织、人员、事业结构等资源的调整，以更快更好的实现企业战略，可以说运营层面战略决定着企业战略的成败。

三星一向是为了发展而进行组织调整，1993 年的经营运动便是出于李健熙会长的发展需求。而数字化战略是三星有史以来最大的一次战略调整，对于三星电子的发展具有决定性的促进作用，这一战略能否成功取决于三星人的决心与意志，可以说三星的数字化战略是绝无回头之路可走的。为了实现这一战略，三星不惜大量出售子公司、裁员几万人之多，一切只为了使三星尽快融入数字化时代。

除此以外，三星的运营层面战略中以下三点也值得大书一笔：

一、构建全球的 ERP 系统平台

2001 年，三星电子完成了全球的 ERP 系统，该系统囊括了三星遍布 47 个国家的 24 家生产和 35 家销售子公司；这个全球性的 IT 基础结构为三星的商务运作提供了一个坚实的、可扩展的平台，它不仅覆盖整个供应链，同时对三星与合作伙伴、供应商以及用户之间的联系方式和合作方式产生了革命性的影响，将更好的产品和解决方案、更高的效率和共赢的资源组合起来，提升三星电子的竞争力和进行准确的市场地位。不仅如此，该系统还将提高三星电子在各个方面的基本水平，并有助于挖掘顾客价值和培养用户的忠诚度。

二、围绕市场发展进行部门划分

如成立专门的数字多媒体网络事业部专攻数字集成技术等。三星主要拥有四个事业部：数字多媒体网络事业部、通讯网络事业部、设备解决方案网络事业部和数字家电网络事业部。面对强大的竞争对手，为了更加适应市场发展的需求，三星正在对各事业部进行重新划分，最终形成家庭网络、移动网络、办公网络和核心部件四大版块，从而寻求新的突破，总之，三星的一切运营措施都是为了实现“数字融合”战略。

三、推进“种子、苗木、果树”式的事业分布

为了在未来的市场上赢得一定的地位，三星将事业分为三大类：种子、苗木、果树。那些能够在10年后符合消费需求的技术，三星将之归类为“种子”事业，一旦确定后，三星便果断的投入资金和人力，打好基础，为未来做好准备；“苗木”事业是指尽管现在不能够实现利益回报，但在不久的将来将会实现利润，需要进一步强化技术开发、产品化力度和营销力度，抢先占据市场的事业；“果树”事业则是指目前正在获取利润回报的事业，是企业未来获得发展的支柱。这样的事业分布使三星获得了稳定的发展之源，为三星在未来的发展打下了坚实的基础。

通过在战略三个层面上的努力，三星逐渐成为数码电子时代的领先者，亦是通过战略三个层面上的实施，三星拥有了走向明天的基础，相信三星在这条道路上持续下去将会变得更为强大，且成为消费者生活中必不可少的一部分，因为“融合”是未来的趋势，“自由”也正是消费者的需求。

三力原则：洞察力、创造力、执行力

根据对三星战略的系统分析，我发现决定战略成败的是企业经营中的三种能力：洞察力、创造力和执行力。一个企业首先得具备洞察行业

未来的能力，三星正是看到数码时代的到来而成功的；其次是企业必须具备一定的创造力，具备洞察未来的能力却难以创造出适应未来市场需求的产品，企业战略依然难以成功；执行力是将战略转化为现实的能力，如果缺乏执行，战略只是纸面上的一些概念而已。

这三种力量决定着战略的准确性、可行性和可操作性，一旦某个企业具备出色的洞察力、创造力和执行力，相信成功将成为必然，三星正是这样成功的。

无疑，三星目前已经获得了一定的发展，但在“数字集成服务”这条路上，三星还有许多问题要解决，如何整合各种网络产品？如何实现消费者最大化的使用自由？这些都是三星面前的问题，让我们祝愿三星的发展一帆风顺。

我们向三星学习什么

三星的成功向我们展示了战略的重要性，也展示了战略的三个层面是如何与企业战略相适应的，三星的发展历程有许多值得我们学习的地方，除了三星是如何进行战略规划，以及如何实施企业战略之外，我认为以下两点也是值得中国企业学习的。

孤注一掷

三星的成功取决于其数字化战略，然而并非拥有正确的战略便一定能够成长为世界领先企业，如果没有卓越的执行力将战略转化为现实，则多么优秀的战略也无济于事。联想便曾经期望进入 IT 业最具吸引力的领域：服务领域，最终由于缺失足够的运营能力而放弃。亦非任何一个企业都拥有出色的执行能力，由拉里·博西迪和拉母·查兰所著的《执行》一书在中国商界大行其道，但企业执行能力因此而提升的却很少，因为要拥有优秀的执行能力，背后必须拥有一个出色的运营理念。三星变革的成功背后便具有这样一种理念：孤注一掷。

“孤注一掷”是美国内战时期一名南部联邦骑兵将领常常使用的战略。采用这种战略，企业家的目标是获取领导权，或者占领新市场，进入新产业。管理大师彼得·杜拉克认为“孤注一掷”的目标并不一定是立即建立一个大企业，虽然这是最终目标，但它的目标必然是占据永久性的领导地位。同时彼得·德鲁克还认为“孤注一掷”具有很高的风险性，这完全符合长江商学院教授曾鸣的“大赌大赢”的定义。

三星在“孤注一掷”上的反映很多，在 1993 年开始的“新经营运动”中，三星总裁李健熙便喊出了那句闻名已久的变革宣言：“除了妻子和儿子，一切都得变！”1998 年在三星面临生存危机时，李健熙在集团成立 60 周年的庆典会上又发出了那篇悲壮的纪念词。在三星改变对质量的看法时，三星曾经两次将所有存在质量问题的产品堆到操场上点火焚烧，价值 150 亿韩元的产品就这样化为灰烬（这与海尔砸冰箱有些相似，只不过三星更加彻底而已，因为三星人认为售后服务是多余的）。这都充分显示了三星经营的理念，以及勇于变革的决心与态度。当然，最具有“孤注一掷”意义的是三星开始于 1999 年的数字化战略，因为一旦数字化战略失败，三星电子将就此消亡。三星几乎是不惜血本的投入到这场变革之中，果断的对下属产业进行了大刀阔斧的整顿，出售了大量的非主营产业，并对组织进行了全面的改造，辞退了 3 万多员工，集中一切资源，在产业规模、产品设计、品牌等方面投入巨资，仅 1999 年一年，三星电子就投入了 12 亿美元进行产品研发。

应该说三星的成功得益于三星人“孤注一掷”的精神，中国企业由于机会太多，认为这个产业上失败，可以在另一个产业上获胜，所以难以拥有“孤注一掷”的精神，在竞争越来越激烈的今天，能否具有“孤注一掷”的精神将决定着企业未来的成败。

三星的学习方式

我们研究三星成功的目的在于学习，在研究的过程中，我发现三星的学习方式亦是值得中国企业学习的一个方面，三星的学习方式与众多中国企业不一样，中国企业喜欢将自己的学习对象界定为自己的偶像，在多个方面进行模仿，期望成为与偶像企业一样成功。三星却不一样，尽管三星一直将索尼作为主要的学习对象，但三星并没有局限于索尼模式，而是寻求更为广泛的发展空间，同时三星在学习的过程中灵活多变，针对不同的运营领域选择不同的学习对象，从而使各个领域都适应企业的发展。

三星的学习对象很多，通过模仿，三星迅速提升运营能力。下面，我们看一下三星是如何学习的。

三星的电子部门的学习对象主要为索尼与松下，三星主要跟他们学习技术创新与经营理念（松下的创始人松下幸之助拥有“经营之神”之称）；三星的库存管理的模仿对象为西屋电气、联邦快递等，通过学习，三星的财务、采购等方面的效率有了很大的提升；顾客服务方面三星以施乐、诺德斯特姆为榜样，要求员工做到积极主动的为消费者服务，最终总结为“三心”服务；三星从惠普公司那里学到的是生产作业管理，通过优化生产流程，三星的生产效率得到大大提升；营销方面三星学习的对象是微软、海伦·柯迪斯等，寻找消费者需求标准以提供最适应需求的产品与服务；在其他方面三星也有不同的学习对象，如销售管理方面学习 IBM、宝洁等，采购与调配方面学习本田、NCR 等。

三星的学习方式给了我们许多启发:一个企业不可能在所有方面都很出色,但我们可以通过对不同的企业进行学习,从而达到管理的最优化。

无疑，三星目前已经获得了一定的发展，但在“数字集成服务”这条路上，三星还有许多问题要解决，如何整合各种网络产品？如何实现消费者最大化的使用自由？这些都是摆在三星面前的问题。

第七章
英特尔为何经久不衰?
——自主转型造就辉煌

企业繁荣中孕育着毁灭的种子，你越是成功，垂涎三尺的人就越多，他们一块块窃取你的生意，直到一无所余。

——安迪·格鲁夫

英特尔公司的发展历程告诉我们：一个公司的成败取决于其适应变化的能力。

今天是一个瞬息多变的时期，任何使企业取得暂时领先地位的核心竞争力都将被迅速淘汰，而期望获得持续的发展，就必须像英特尔一样掌握如何创建动态核心竞争力。

关于英特尔，我时常听一些人谈起，谈它的转型，谈它的微处理器，以及名扬天下的安迪·格鲁夫，似乎每个人都可以畅所欲言，然而究其实质，几乎没有人能够真正将英特尔的发展战略与理念表达清楚。我致力于战略研究，自然对企业的发展历程与理念极为关注，英特尔取得的辉煌成就是公认的，关于英特尔成功发展历程的书籍和文章也是随处可见，因此，本文只想探讨是什么促使了英特尔的发展，尤其是英特尔是如何成功进行转型的？英特尔自1968年创立以来，经历了两次大的战略转型、三个发展阶段，最终取得令人刮目相看的成绩，每一次在外界市场环境发生变化时，英特尔总是能够把握住契机取得更大步伐的发展，究其原因，无外乎两个字：战略。

可以说英特尔的持续发展是建立在明确的战略发展理念上的，每一次转型，英特尔总是能够看准行业的新趋势，并适应市场的新需求，从而获得极大的成功，领导英特尔进行两次变革的安迪·格鲁夫被商界誉为“转型大师”。

运用战略原理，迅速对外界进行评估，根据市场发展需求主动进行企业发展战略调整，从而保持持续领先地位，没有一家公司做得比英特尔更出色，这也使得英特尔获得了经久不衰的美名。做到与时俱进，永远处于行业领先地位，是所有企业的共同愿望，英特尔做到了。那么，英特尔是如何做到的呢？许多中国企业都在标榜自身在遵循战略原理寻求发展，为什么没有获得与英特尔同样的成功呢？

在上一章节中，我分析了三星的成功，应该说三星的发展完全遵循战略突破模式的，英特尔的转型是否同样如此呢？

我们先来看一下英特尔的发展历程。

自主转型的英特尔公司

英特尔公司由罗伯特·诺伊斯与摩尔定律的创造者戈登·摩尔共同创建，这两人都是相当出色的技术人才，他们从声名显赫的仙童半导体公司辞职，自主创业，一大批人跟着他们交了辞呈，包括后来领导英特尔登上世界领先企业宝座的安迪·格鲁夫。英特尔最初是一家设计生产大型集成电路储存器的企业，而且是第一家这样的企业，经过近半个世纪的发展，如今，英特尔已经成为决定计算机行业发展的主宰企业之一。

英特尔公司的发展可以划分为三个时期：1968 ~ 1985 年，英特尔公司是一家致力于“生产存储器的企业”；1985 ~ 1998 年，英特尔公司是一家致力于“生产微处理器的企业”；1998 年至今，英特尔公司则是一家致力于“生产国际互联网构件的企业”。三个时期的划分基本上取决于公司的三任领导层的任期。第一阶段的大部分时间由戈登·摩尔执政，第二阶段则由曾被评选为全球最杰出 CEO 的安迪·格罗夫行使大权，而今天克雷格·巴雷特在引领着英特尔人继续前行，回顾这些历史，我发现英特尔公司始终是一家与时俱进的公司。

在每一次市场发展并引起需求变化之时，英特尔公司总是能够率先把握并成功进行变革与转型，成为新产业的领导者。创立初期，英特尔公司研制出存储容量为 64 位的双极静态随机存取存储器（SRAM）芯片，这项新产品很快取代了大型机系统现用的磁芯存储器，公司的销售额直线上升，然而这时英特尔人并没有就此却步，而是进一步致力于 MOS 晶体管工艺的开发，MOS 晶体管具有耗能少、电路密度高、生产工序简单等优点，在英特尔后来的领导人安迪·格鲁夫的带领下，这项技术得到妥善的解决，MOS 工艺技术很快为公司创造了大笔财富。紧接着，英特尔公司又开发了世界上第一台动态随机存取存储器（DRAM），就此奠定了其在存储器领域的主导地位。

到了 1984 年，由于外部环境的变化，英特尔人发现他们很难对外部市场的变化做出及时有效的回应了，DRAM 的市场份额也在逐渐走低，这时英特尔公司的管理层清楚的预见到公司应该依靠生产微处理器来实现未来的发展，于是他们停止了开发更新一代的 DRAM，将这片市场留给了为数不多的美国本土和来自日本的竞争对手。与此同时，他们在内部开始了变革，整合了技术开发事业部，使之转向生产微处理器。1987 年，戈登·摩尔将首席执行官的职位传给了安迪·格罗夫，安迪·格罗夫在这个位置上一直干到 1998 年初，在他任职期间，英特尔公司在全球范围内确立了在微处理器领域的领导地位，公司的收入也以 29.4%的年增长率速度增长，并成为世界上最成功的企业之一。奔腾处理器以及相关产品的销售占据英特尔整体销售的 80%以上，英特尔公司成为微处理器的代名词。然而就在英特尔人还沉浸在微处理器的成功之中，1998年初安迪·格罗夫与他的继任者克雷格·巴雷特便已经意识到第三阶段的到来。

如果说第二阶段，英特尔人经历了痛苦的抉择，那么第三阶段，他们所呈现出来的完全是一种迎接的姿势。1999年初，新任CEO克雷格·巴雷特便已经很明确的表达了英特尔应该成为“因特网经济中的构件供应商”，英特尔应该关注四个领域：客户端平台、服务器平台、网络设备以及解决方案和服务。他说：“世界在变化，重心在变化，我们要追随这种变化，我们要成为这四个领域的重心。”这意味着英特尔从第二个发展时期所制定的战略目标中走出来，为了更为广阔的市场前景和目标而努力，对于巴雷特来说，他带领的英特尔公司将把全世界数十亿台计算机联结起来。安迪·格鲁夫也明确指出：“英特尔目前所经历的这次调整与20世纪80年代中期不同，而且影响深刻，当前这次调整是把全世界所有的计算机都连接起来……”通过对管理模式的调整、强化产品开发、改变营销思维等变革，英特尔公司顺利跨入了IT时代的发展潮流之中。今天，尽管英特尔依然行走在未知的旅途上，但我们有理由相信英特尔会步入更为辉煌的明天。

英特尔的成功无疑取决于其围绕外界变化进行战略规划与调整的能力，为追求持续成功的企业提供了鲜活的榜样。每一次新的发展战略构建之前，英特尔公司都根据预测进行创新并展开变革，从而为赢得未来做准备。在分析英特尔成功案例的过程中，我获得的最大收获是如果企业主动适应变化迎接变革，所付出的代价将少得多，而那些无视外界变化与行业发展趋势的企业必将在转型过程中付出沉重的代价，有一些企业还几乎濒临灭亡境地，IBM便是其中代表之一。

安迪·格鲁夫其人

谈英特尔，安迪·格鲁夫是难以绕过的，可以说没有安迪·格鲁夫，就没有英特尔辉煌的今天。关于格鲁夫，大多数人都知道他的名言“只有偏执狂，才能成功”，他的自传性经营类书籍销量可观，成为许多企业家的案头必备之书。

因为本文阐述的范围仅限于战略范畴，所以我重点讲述安迪·格鲁夫在战略方面对英特尔的贡献。

将英特尔的两次主要转型的功劳交给安迪·格鲁夫，我相信是没有人反对的。在大伙还留恋 DRAM 的出色业绩时，他已经清晰的看到了个人电脑时代的到来，认为微处理器将成为英特尔新的发展支柱，于是他果断的停止了新一代的 DRAM 产品的开发，对公司的内部资源进行了全面的调整，将资源集中到微处理器的发展上来。同样，1998 年，也是他率先感觉到因特网的力量，并主动学习和了解因特网的业务模式与发展趋势，当他意识到世界将因为因特网而改变的时候，毅然促使新 CEO 克雷格·巴雷特领导英特尔进行第二次重要性的变革。

安迪·格鲁夫对英特尔的贡献是战略性的，在领导团队进行强有力的战略执行方面，格鲁夫也是功劳显赫，这得益于他身上具有的优秀的战略性领导人素质：

出色的洞察力与战略意识

这是一名优秀的战略性领导人必须具备的能力，安迪·格鲁夫对计算机行业有着敏锐的洞察力，出色的分析能力使他总能够从纷繁复杂的数据和现象中找出问题的核心，同时他还能够运用结构完善、条理清晰的陈述表达出来，使他身边的人迅速了解他的意图。他不惧怕混乱，相反，他认为混乱是改革的大好时机，一旦从混乱中找到秩序，企业将获得飞速的发展，也就是所谓的“乱中取胜”。

执行为王

战略执行比战略规划更为重要，没有出色的执行就没有完善的结果。安迪·格鲁夫异常注重执行，而且与其他的领导人不同的是他总是从实际出发考虑战略的执行。为了使战略得到良好的执行，格鲁夫不惜对内部的管理与运营结构进行全面重组，并强化执行队伍的培训，使得每个人都能够对新战略保持一致的认识，为了同一个方向而努力。过程固然重要，但结果更为重要，格鲁夫知道这一道理，所以对执行的效果非常关注。许多英特尔人认为，安迪·格鲁夫的成功之处在于他能够使新的战略意图落实到战略行动上来，这一点值得许多中国企业家学习。

公平公正的评估

英特尔有着很严格的业绩评估体系，它与激励机制紧密联系在一起，通过这套评估体系，有效的推动管理者与员工们努力去完成自身的任务，实现公司的整体目标。这一切主要源于安迪·格鲁夫出色的管理才能，在他心目中，一个企业没有公平公正的评估体系，企业是无法发展的，而对企业作出重要贡献的员工应该得到公司的进一步关注，成为促进企业发展的核心队伍。在这种观念的指导下，安迪·格鲁夫将英特尔公司打造成一家高效率高素质的企业，并成为行业的领军企业。

身体力行的传播公司战略

安迪·格鲁夫不但是英特尔公司的战略制定者，而且还身兼着英特尔公司的“新闻发言人”，英特尔的战略为外界所关注，一大半的功劳应该归功于他的传播能力。在英特尔公司内部，安迪善于利用媒体的能力为众人钦佩，通过媒体，安迪向大众传达英特尔的战略决策是基于现实的基础上的，是可以实现与掌控的，从而激发他们的信心。一个优秀的战略制定者，同时必定是一位出色的战略传播者。

安迪·格鲁夫给我们带来了一个优秀的战略性领导人的标准，我们身边有许多企业家动辄以战略家自居，并对自己的战略推广自视甚高。但是，对比一下安迪·格鲁夫，我们会发现许多企业家的战略理念仅仅是纸面游戏和口头表白，又何谈身体力行呢？

英特尔公司如何成长为一家微处理器企业

发展至今，英特尔公司经历了两次大的转型，这两次转型使英特尔成为主动变革企业的代表。对于英特尔公司来说，转型是自身获得蜕变与飞跃的机会，对于其他企业，尤其是陷入增长困境的中国企业来说，他们更为关注的是：英特尔公司是如何突破增长困境的？又是如何实现自主转型的？

首先，让我们回到 20 世纪 80 年代中期，看一下英特尔是如何进行第一次转型的，即如何从一家存储器企业转变为微处理器企业的。

⊙存储器业务陷入困境

英特尔成长为一家存储器企业主要因为开发出 DRAM（动态随机存取存储器），由于在工艺以及存储量超出人们的预期，DRAM 取代磁性存储器作为计算机运行程序时存储指令和数据的主流技术。1972 年，英特尔的 DRAM 产品已经是全世界销量最大的半导体存储器，占据着英特尔年利润的90%。自此，DRAM一直是英特尔公司的核心产品，在相当长的一段时间里，英特尔是DRAM产品的唯一提供商。曾有一段时间，由于英特尔决定性的市场优势，打破了客户内心的平衡（客户不愿意购买没有竞争对手的产品），为了避免垄断之嫌，英特尔不得不自己去培养一个竞争对手。由此可见，英特尔在存储器领域的强势地位。

依靠技术开展竞争必须面对新介入者与新技术的挑战。1984年，英特尔的DRAM产品在竞争对手的打压下，进入衰亡时期，市场占有率低于3%，意味着英特尔彻底丧失领导地位。英特尔DRAM产品的失败主要源于外部竞争，尤其是来自日本的竞争对手，如富士通公司、NEC公司和日立公司等。他们看到了存储器市场的前景，在技术上进行大力投入，很快DRAM产品之间的差距就消除了，DRAM逐渐转变为商品化产品，这使得市场的决定因素变成了生产规模和制造竞争力，而这正是英特尔所不具备的。英特尔在DRAM产品上付出了沉重的代价，1986年，英特尔为DRAM蒙受了1.73亿美元的损失，许多公司面临这样的亏损则可能永远难以东山再起，英特尔却迅速从存储器的困境中走出来，转变为一家微处理器企业。

从DRAM到微处理器

英特尔发展成为一家微处理器企业，是一个战略性的转变，也是一次出色战略决策。然而，当我们对英特尔的发展历程进行深入剖析时，不难发现英特尔的这次战略转型并非想象中那么顺利。

微处理器的问世出于一种偶然，一家日本计算器公司委托英特尔帮忙研制生产一种芯片组，这便是微处理器的雏形，随后英特尔在微处理器领域不断突破，但依然无人将之视为公司的主要业务，当DRAM遭遇挫折时，英特尔的微处理器业务逐渐成为公司的业务重心。但由于没有看到个人电脑天下的来临，英特尔的高层领导们并没有意识到微处理器的重要意义，同时对DRAM抱有深厚的感情，因此，迟迟不肯放弃DRAM业务，甚至还陆续做了一些投资。直到1984年，在DRAM领域失去了大量的市场，英特尔公司才决定放弃DRAM的开发，这是一次艰难的决定。关于放弃DRAM，公司创始人戈登摩尔与后来的执政者安迪格鲁夫有一段令人难忘的对白：安迪·格鲁夫问："如果有一位新的管理人员取代了我们，他会怎么做?”戈登·摩尔回答得很干脆：“放弃DRAM!”“那么我们为什么不自己走过这道旋转门?”这段谈话成为英特尔第一次转型的开始，安迪·格鲁夫以最快的速度调整了公司的整体战略。

一旦公司决定放弃 DRAM 业务，日益重要的微处理器顺其自然的成为公司发展重心。一些中层经理们为这一转型付出了努力，他们强化了微处理器业务的重要性，使微处理器逐渐发展为英特尔的重要业务。

20 世纪 80 年代中期，英特尔的微处理器产品在竞争中打败了摩托罗拉、ZILOG 公司等主要竞争对手，从此，英特尔的微处理器业务蒸蒸日上，英特尔也因此成为世界领先科技企业之一，与微软一起成为个人电脑行业发展的主宰，被业内称作为“WINTEL”霸权。

微处理器业务为什么会成功

英特尔从存储器企业转变为一家微处理器企业，并迅速取得了发展，1987 ~ 1997 年，英特尔的收入以年增长 29.4% 的速度增长，从 19 亿美元增长到 251 亿美元，净收入从 2.48 亿美元增长到 69 亿美元，1997 年英特尔在全球最具赢利能力的企业中排名第六，并成为个人电脑行业的主宰，而这一切是微处理器业务带来的。安迪·格鲁夫对此颇为自得：“最有意义的就是公司进行了转型，从定位广泛、全面的半导体供应商转型为高度集中协调的微处理器生产者，后者做得比前者更好。”

那么，英特尔的微处理器业务为什么能够成功呢?

战略转型必须遵循战略的三大规则，并在三个层面上得到完善的执行，也就是说必须遵循战略突破模式。今天，我们重新审视英特尔从存储器企业向微处理器企业的战略转型，便将发现这一战略同样符合战略突破模式。

首先，我们看一下英特尔的微处理器战略遵循的三大规则：

一、行业发展趋势

微处理器业务的发展是遵循计算机产业的发展趋势的，20 世纪 70 年代末，苹果公司开发出第二代微型计算机，这标志着计算机产业新的时代的到来，这是一个基于微处理器的时代。

起先微型计算机由于技术上的缺憾，并不具备大型计算机和小型计算机的一些功能，但是微处理器改变了这一状况，不仅提高了微型计算机的速度，也大大降低了微型计算机的价格，英特尔在微处理器方面积累的技术得到了用武之地。

但是真正促进英特尔微处理器业务发展的是IBM决定进入PC业，并选择英特尔的微处理器作为主要元件，IBM很快超过了苹果公司成为个人电脑行业的标准，英特尔也因此得到了迅猛的发展。到了80年代中期，个人电脑时代真正到来，英特尔的微处理器得到了广泛的欢迎，而DRAM产业的市场不断下滑，英特尔顺其自然的转变为一家以微处理器为核心业务的企业。

二、个人电脑的兴起

决定英特尔发展的不是行业发展趋势，而是消费者的消费需求，任何企业的发展都必须依靠市场，那么，英特尔第二阶段的消费者是谁呢？微型计算机的兴起标志着个人电脑时代的到来，也就是说电脑进入了大众化时代，同时意味着微处理器拥有比DRAM更为广阔的消费群体，所有购买电脑的顾客都将成为英特尔的消费者。由于英特尔与主流的电脑制造商如IBM、康柏等保持着良好的合作关系，它的微处理器很快成为行业的标准，尤其是“Intel Inside”（内含英特尔处理器）广告运动之后，英特尔更是成为处理器的代名词。英特尔掌握了一条真理：终端用户（个人消费者）越喜欢英特尔的处理器，计算机制造商就越愿意使用英特尔的微处理器。

三、符合英特尔的长远发展

我们可以从两个方面分析这一部分。

（一）从英特尔公司后来取得的成绩来看，它的微处理器发展战略是成功的，而且是非常成功的，它为英特尔争取了十几年的好日子，使英特尔成为世界领先企业之一，甚至发展为计算机行业的主宰企业之一，可谓功莫大也，至于这一决策的功劳应该归功于安迪格鲁夫，是他凭借出色的洞察能力意识到个人电脑时代的来临，并认为微处理器的发展空间是巨大的，结果证实了他的战略远见；

（二）英特尔早在20世纪70年代便开始受一家日本企业的委托进行芯片的设计与生产，自此在微处理器领域积累了技术和工艺，同时，微处理器在发展的过程中被越来越多的客户所认可，应该说英特尔进军微处理器业务是完全有能力的。

由于遵循战略的三大规则，尽管英特尔的一些高层管理人员并没有意识到个人电脑时代的到来，认识到微处理器的战略性意义，但由于英特尔不自觉的进行微处理器技术与业务的开展，加之安迪格鲁夫的当机立断，全面调整了企业发展战略，使英特尔成为该领域的重要企业。

我们知道一份优秀的战略不应该仅仅符合战略规划的三大规则，而且还包括执行的三个层面，只有将战略转化为执行，战略才真正具有意义，战略的作用才能够真正反映出来，英特尔的战略是如何从三个执行层面上取得成功的呢?

公司层面战略

1985年，英特尔正式确认了微处理器成为公司的核心发展业务，新的发展战略认同了个人电脑时代的到来，致力于将公司从一个存储器生产商转变为微处理器企业。新的战略包含着三个方面：1. 努力使英特尔公司成为微处理器业务的领导者；2. 成为以英特尔公司体系为基础的微处理器的独家供应商；3. 成为世界级的企业。今天看来，这三个目标，英特尔已经全部实现。

营销层面战略

英特尔公司的微处理器业务最出色的营销策略在于其关注了终端顾客需求，并依此构建了品牌，从而使英特尔与微软一举成为PC行业的主宰者。安迪看到了计算机行业从垂直转向水平发展，意识到微处理器的真正意义，并因此认识到：英特尔的微处理器越是能够吸引终端消费者，PC制造商们就越愿意使用英特尔的微处理器。在此基础上，他们发动了一场史无前例的品牌传播活动：Intel Inside。这个活动使英特尔成为一个令消费者记忆深刻的品牌，成为营销史上的一个经典案例。

运营层面战略

独家供应与不断进行产品创新是英特尔在运营层面上的策略，依靠这两点，英特尔成为众多制造商的核心战略伙伴，使他们离不开英特尔的微处理器。尤其是后者，由于不断更新产品，从386到486，再到奔腾处理器，英特尔不断改进产品，将竞争对手远远地甩在身后，成为行业名副其实的领导者。另外与强势软件企业微软合作，是其重要的运营战略，该举使他们成为计算机行业的主导者。

与三星的成功一样，英特尔的第一次战略转型无疑是遵循战略突破模式的，这充分说明战略突破模式是可以帮助企业寻求增长与发展的，英特尔的第二次转型同样遵循着战略突破模式。

I860：短暂的迷失

i860 RISC 是英特尔公司在第二阶段发展过程中遭遇的一段失误，它证实了一旦违背了战略规律，即便是转型冠军英特尔也难逃败局。

事情的起源是 SUN 公司的总裁斯科特·麦克尼利为了节约成本，决定自己开发基于 RISC（精简指令集）体系的微处理器，英特尔的微处理器体系结构是基于 CISC（复杂指令集）体系，CISC 拥有一百条以上的指令，有着较强的处理能力。而 RISC 仅仅拥有七八十条指令，但 RISC 在较窄小的范围内能够提供更好的性能，而且能够针对一个特定的任务进行优化，更重要的是 RISC 设计简单，成本便宜，SUN、惠普、IBM、DEC 等公司都曾使用过自己编制的这类 RISC 体系。

英特尔公司也没能洁身自好，也对 RISC 体系投注了热情。1989 年，基于 RISC 体系的微处理器的开发已经占到英特尔公司整个开发资源的 50% 以上，于是诞生了 i860 RISC，但是 i860 RISC 与英特尔公司以往的 X80 系统形成竞争，由于受到外界表象的迷惑，英特尔人对此未作深究。尽管许多客户明确表示不欢迎 i860 RISC，但公司内部还是分为两组，一组坚持以往基于 CISC 体系的 X80 系列微处理器，另一组则支持 RISC 体系。最终，安迪格鲁夫结束了这场争论，表示支持 CISC 体系，英特尔才重新回到正确的战略上来。

i860 RISC 失败的原因很简单：没有市场的需求，由于技术简单，每个工作站的销售商都可以自行开发 RISC 微处理器，因此使得英特尔没有市场，但 RISC 的出现在市场上引起了一定的关注，但由于其本身的功能缺憾，RISC 未能够成为微处理器的主流产品，英特尔的处理器业务并未因此受到很大冲击。

i860 RISC 告诉我们，必须对行业发展趋势有着一个清晰的认识，才能够制定出真正符合企业发展的战略来。

成功涉足因特网世界

1998 年初，在 CEO 位置上干了十多年的安迪·格鲁夫将大权移交给贝瑞特，这意味着英特尔第三阶段的开始，也意味着英特尔将进入新的战略阶段，许多英特尔人对进入新的战略阶段感到难以置信，但安迪格鲁夫与克雷格巴雷特对此深信不疑。其实，市场已经暗示英特尔新的变化已经到来：1998 年年底，英特尔公司的收入为 263 亿美元，增长了 5%，1997 年的这个数字是 20%，而且最近几年，英特尔的公司利润增长率一直在不断下滑，最主要的原因是 PC 业务已经逐渐倾向于饱和，继续发展的空间变得很小，也很艰难。我们知道英特尔获利的主要原因是：（1）PC 销量；（2）英特尔产品在计算机售价中的比例；（3）英特尔公司的市场份额。1999 年英特尔的市场份额达到了最高峰，继续超越已不可能，如果不做出一些新的业务调整，英特尔的辉煌时期将到此结束。但安迪格鲁夫很快便以他出色的战略眼光看到了计算机行业的新的未来——互联网时代的到来，于是在他的带领下英特尔进行了第二次战略转型。

微处理器业务依然繁荣

英特尔的第二次战略性转型与第一次不同，第一次是因为 DRAM 业务面临严重下滑状况，才忍痛割爱进行的转型。这一次，英特尔提升了它在战略运营方面的能力，以主动积极的态度和方式去迎接变革。

20 世纪 90 年代后期，英特尔的处理器始终保持着强大的竞争力，上升的速度也远远超过了所有的竞争对手，许多竞争对手因在产品更新速度与技术上的缺乏而退出了竞争。尤其是奔腾处理器的创意，使得英特尔在市场上突飞猛进。1998 年上市的赛扬处理器则为英特尔在低端市场上创下了汗马功劳，直到今天，英特尔在处理器领域依然独树一帜。

那么，英特尔为什么要进行变革呢？因为英特尔人认识到发展第一、生存第二的原则，如果英特尔继续停留在处理器领域，将来的结果必定是陷入困境。为什么？因为任何一个行业都不可能垄断在一两家企业手中，新的竞争对手总是在不断的涌现出来，安迪·格鲁夫深深明白这一道理：那些处于领导地位的企业需要警惕，因为总会有一些竞争对手窥视你的成功，并一点一点蚕食你的利润。

竞争逐渐瓜分利润

行业发展的趋势必然是共生共存，任何一个行业都不可能为某个企业所控制，微软目前正在经受着新兴软件开发商的追击，英特尔所在的处理器领域更是如此，早在90年代末期便呈现多维竞争状态。

AMD公司是英特尔在处理器领域的宿敌，始终与英特尔纠缠着。1999年春，AMD公司推出了K－6Ⅲ处理器和速龙处理器，目标很明确，直接针对英特尔销量很大的奔腾Ⅲ处理器。以往AMD公司在产品开发上远远落后于英特尔，但这一次它们之间的距离大大减小了，速龙处理器以低价格严重影响了英特尔在高端市场的销量和利润，AMD紧接着又在移动市场发起进攻，英特尔的利润遭受严重创伤。

其他的竞争对手也始终对英特尔虎视眈眈，给英特尔的处理器业务带来一丝阴影。

但真正优秀的企业从不以竞争为导向，它们始终坚持市场化运作，将市场的需求作为战略决策的根本，它们研究行业发展的趋势和消费者的需求，并以此为基础进行战略规划，从而赢得未来的市场，英特尔正是这样一家企业。

向因特网进军

无可厚非，互联网是促进社会发展的最大因素，它改变了信息产业乃至人们的生活，在这个时代里，人们之间的距离将不再存在，世界趋于大同。而计算机则是使这一切成为可能的硬件之一，作为计算机行业中一家主宰性公司，英特尔自然要顺应行业发展的变化。于是，它迅速调整了战略，并将自身定位为“因特网经济中的构件供应商”，英特尔要把“触须伸到因特网的每一个角落，成为新时期的IT业主宰。

并非后PC时代

因特网改变了计算机行业，使信息处理领域发生了革命性的变革，任何一家忽视因特网以及因特网所带来的改变的企业都将被抛弃。因特网的兴起曾在一段时间里促进了 PC 行业的市场需求，英特尔因此也取得了一定程度的增长，然而对于用户来说，体验因特网，处理器并非最重要的元件，这对于英特尔的未来发展似乎是一个极大的隐患。但是从另一个角度来看，因特网需要更多的高端服务器的运行能力，以提供内容服务和进行在线处理，这对英特尔来说是一个潜在的成长市场。但英特尔似乎并不满足仅仅停留在处理器领域，因为它已经在多个领域积累了一定的基础，尤其是在硅元件领域，安迪格鲁夫始终强调英特尔不只是一家生产处理器的企业，而是一家因特网的构件供应商。他不止一次的指出："因特网依靠硅元件为基础，英特尔应该紧跟潮流，成为计算机行业中永远的主导者。"他的原理是"元件制造周期比软件周期要快，因此，只要考虑到性能问题，硬件就会走到前面。"

在上面这段略显杂乱的文字里，我已经将英特尔第二战略转型所遵循的三大规则描述出来。行业发展趋势：互联网时代的到来信息产业发生革命性的变革；市场需求：无数的因特网的追随者需要技术与元件的不断完善；企业的长远利益在于因特网改变了计算机行业的标准，我们知道一个行业的标准在哪里，利润就在哪里。英特尔的这次转型的目的在于重新把握计算机行业的标准，因此是符合企业长远发展需求的。

多元化经营与全面整合

为了成为"因特网经济中的构件供应商"，顺应发展需求，英特尔公司的经营与运营发生了许多变化，最为重要的改变是从单纯的微处理器企业走向多元化发展，整合能力成为英特尔新一代领导人的核心能力，如果不能够将众多产业进行良好的整合，英特尔将成为众多在互联网大潮中失去方向的企业之一。

为了在各个产业中都能够获得领先地位，并购成为英特尔新的运营策略之一。在进一步稳固微处理器业务的同时，英特尔进入了客户端平台、服务器平台、网络设备以及解决方案和服务等多个领域，由此形成了新的战略运营架构。英特尔人在第二次转型中展现出了非凡的主动性，他们积极主动的去适应企业发展的需求，并为此付出了自身的努力。尽管直到今天，英特尔的成就依然在处理器领域，但我们有理由相信英特尔将取得更大的成就。

启示：如何进行自发性战略规划

在英特尔两次自主转型的过程中，我们发现在转型之前英特尔本身已经对下一步的行业发展和市场需求有所了解，同时已经拥有在未来竞争的核心能力。如第一次转型时，英特尔在微处理器的技术和生产早有突破，第二次转型英特尔依赖的是自身在硅元件技术上的积累。也就是说英特尔的成功转型在于它拥有着可以适应市场变化的核心竞争力，我将之称作为动态核心竞争力。那么，如何创造动态的核心竞争力是得以成功转型的保证。

我们已经知晓核心竞争力是根据外部市场需求对内部资源进行调配后所得到的企业经营能力，接下来我们来谈一谈如何创建动态核心竞争力。既然是“动态”则必定是不断变化的，变化又必须适应外界市场的发展需求，结合构建核心竞争力的两个要点：外部市场需求和内部资源调配，加之经营过程中的思索，我认为动态核心竞争力是指企业适应未来的能力，即企业能够对未来市场进行预测并提前做好战略规划的能力。根据这些要求，企业在实际经营中的运营流程，动态核心竞争力的创建过程必须包含三个步骤：预测、创新、变革。我称之为三部曲：

预测

对未来进行预测是思考的主要方法之一，著名经济学家张五常便将预感当作研究问题的主要方式，欲创建动态核心竞争力的企业必须具备对未来市场进行预测的能力，苹果电脑正是因为预测到个人电脑时代的到来而迅速崛起的。而施乐的每一次复兴都是跟随竞争对手取得的，依靠的是多年以来的技术积累，这说明施乐在预测方面的能力较为薄弱，其未来的命运的确令人担忧。当然预测并非出于盲目的推断，而是在充分了解行业发展状况以及顾客消费心理的基础上进行的。那些能够对未来做出准确预测的企业最终都取得了非凡的成就。

⊙创新

仅仅对未来做出预测还远远不够，了解未来的市场需求之后，企业还必须根据这些需求进行创新，以期为未来的消费者提供产品与服务。华为正是通过对通信行业技术发展进行跟踪并对未来做出预测，确立了方向之后，华为的总裁任正非筹建了北京研究所，开始系统性的技术研发，尤其是1999年投入的3G技术研究，先后投资了40亿人民币，即便是人称“通信业寒冬”的2002年华为也没有退缩，今天华为的3G已经投入商业运营，成为其参与国际竞争的技术平台之一。如果华为仅仅对未来做出预测，而缺乏相应的技术创新能力，或是在压力下放弃进一步的研制，今天华为可能早已为时代所遗弃。创新是企业得以持续发展的主要因素之一，那些缺乏创新能力的企业很难成为新竞争中的胜利者。

⊙变革

核心竞争力是企业组织中的集合性知识，因此新的核心竞争力的形成，必须建立在企业整体资源的配合之上，那么支撑旧核心竞争力的企业内部资源配置方式也将随之改变，这将对企业的变革能力进行考验，许多企业把握了未来发展的方向却因为无力实施变革而与机遇擦肩而过，如施乐是鼠标、视窗图形的用户界面的开发者，也是以太网络的发明者，而“客户机/服务器结构”和“所见即所得”等技术的研究者，甚至研制了世界上第一台计算机Alto……但是这些技术和产品都是为他人做嫁衣。如果施乐能够很好的利用这些技术，那么计算机的历史也将会为之改写。与之相反，那些能够成为新时期领军者的企业总是能够顺利完成变革。

预测、创新、变革是创建动态核心竞争力的三部曲，然而几乎所有的企业都不能自发性的走上动态核心竞争力创建之路，总是在经历过挫折之后才幡然醒悟，福特、IBM、柯达等等，这意味着放弃正在为企业创造利润的竞争能力而开创新的核心竞争力是需要付出极大的勇气的，然而再杰出的核心竞争能力在时间面前也难以持久下去，真可谓“各领风骚三五年”。但在众多企业不断传来失误的过程中，微软和英特尔却呈现出长青之势，时刻站在时代的前沿，引领着行业的发展。尤其是英特尔的发展历程为我们展示一个如何自主性的创建动态核心竞争力的杰出案例。

当今是一个瞬息多变的时期，任何使企业取得暂时领先地位的核心竞争力都将被迅速淘汰，而期望获得持续的发展，就必须像英特尔一样掌握如何创建动态核心竞争力。

第四部

战略运用

化战略为行动

第八章
从制造到服务
——中大汽保产业突破增长困境

谁征服过去，必定拥有现在；谁洞察未来，必定征服现在。

行业标准在哪里，利润就在哪里。中大前10年的迅速发展正是因为把握了这一阶段的行业标准；下一个10年，服务品质将成为汽保行业新的标准，中大要继续成为行业领军企业，就必须把握汽保服务的标准。

中大汽保产业缺乏的不是资源，而是明确的战略规划以及实现这一战略的团队。

分析了三星、德隆以及联想的成功与失败之后，我们对战略的三大规则和三个层面的作用和重要性有了一个初步了解与认识。我相信更多的人希望能够将战略系统运用到自己的企业之中，为企业的发展作出贡献，那么如何运用战略系统成为他们关注的课题。下面我们就来看一下如何利用这些规则进行企业战略规划。

中大集团是我所熟悉的民营企业之一，出于战略研究需要，我先后两次深入该企业，对其发展历程以及促进其发展的因素有着透彻的了解。近年来，中大面临增长难题，如何实现新的增长对于其具有举足轻重的意义，外界始终处于迅速变化之中，如果跟不上市场的发展，企业必定将被逐渐淘汰。针对这一困境，依据战略原理为中大规划了整体战略发展思路，战略规划的过程便是对战略原理运用的过程，这对于众多企业来说更具备现实意义。

中大简史

对于许多人来说，中大是一个陌生的企业，但在汽保行业中，中大的部分产品占据 50% 以上的市场份额，并以其自身的综合实力、技术优势、产品质量和售后服务等稳坐国内汽保行业龙头地位，同时中大还是世界最大的汽车保修机械制造基地之一。

这个植根于苏北革命老区盐城的民营企业，与众多 80 年代崛起的中国企业一样有着令人惊异的发展经历：自制研发的产品于两年打破国外产品对中国市场的垄断、3 年全面进入亚洲市场、4 年进军欧美市场，并迅速成长为汽保行业领军企业。对于以欧美企业为主的汽车设备产业，中大的成功具有一定的象征意义。

回顾中大的发展历程，我觉得基本上可以分为三个阶段：

第一阶段：从维修保养到汽保设备制造。

尽管中大集团成立于 1994 年，但是其创业的历史可以追溯得更早，而且中大在汽保产业的立足主要取决于 1994 年前。早在 80 年代后期，集团创始人徐连国便创办了汽车修理厂，进入汽车保修服务业，定位于中高档车的修理。随着业务量的不断增加，前来维修保养的车辆档次也不断提高，要提供优质的服务必须具有相应的维修设备，中大后来的主导产品烤漆房便是其中必备设备之一。但当时市场上的产品全部为意大利和日本企业生产的产品，并且国内市场没有直接货源，必须从香港中间商转手，不仅供货周期长，价格也很昂贵，每台售价达到5万～50万，这个价格对于徐来说是无法承受的。出于无奈，也出于生存的欲望，他与一起创业的三弟（现为集团总裁）徐连宽决定自己制造烤漆房，经过反复实验，于1992年，他们研制出第一台产品，随后参加了南京汽保设备展览会，依靠价格优势中大烤漆房产品一举成功，从此中大从汽车维修保养走上了维修设备制造之路。在这一阶段，值得一提的是他们创造了"哑铃式"的经营模式，即在缺乏资金实力的初期，徐氏兄弟将技术和市场抓在手中，而将中间部分的生产制造交给合作伙伴，从而实现了企业的快速启动。

第二阶段：低成本扩张时期。

与大多数中国企业一样，中大的发展同样依靠成本优势，自1992年起，中大的汽车维修保养设备取得了迅速的成长，用了短短的6年时间取得了行业领袖地位，不但打破了国外产品的垄断地位，并且连续5年达到国内市场60%的占有率。与众多中国企业不同的是中大在一开始便具有国际化竞争意识，他们的经营理念是"中国市场是国际市场的一部分"，这可能跟中大所处的行业有关，而且与之竞争的几乎全部为国外企业。因为拥有出色的低成本竞争优势，中大烤漆房取得了辉煌的成功，目前已经遍布世界四十几个国家，在美国、日本这样的市场也具有一定的影响。在这一阶段中，1994年和2001年是至关重要的两年。1994年，中大集团正式成立，并开始采取集团化管理模式，在管理机制、企业文化、产业规划等方面都有了明确的方向。2001年则是中大在香港联交所成功上市的一年，这是中大人长期以来的愿望。中大在这个阶段的成功耐人寻味，我一直在探寻促使中大成功的因素，最终我发现中大这阶段的成功是因为其所处的行业状况。在那个阶段，汽车维修保养业在中国还不成熟，几乎以零散的维修点为主，而服务的标准是所拥有的设备。中大发现了这一空隙，一举切入从而获得成功。

第三阶段：从汽保设备制造到汽车制造。

在徐氏兄弟的心中有着一个梦想，这个梦想就是有一天自己能够制造汽车。2002年6月20日是他们梦想成真的日子，这一天，中大通过控股方式控制了同处盐城的中威客车制造有限公司。他们期望将在汽保产业中获得的成功移植到汽车产业。这与许多选择多元化发展之路的中国企业一样，认为在一个行业中获得成功就可以在所有行业获得成功。中大在客车制造这条路上行动迅速，先后并购了北京燕京、上海光辉、四川峨嵋、南京金陵等客车制造厂，形成了为业内人士津津乐道的中大客车系。一些记者也用“搅局者”来形容这个客车业的新面孔。在中大进军客车制造业的几年里，由于发展重心放在汽车产业上，中大汽保产业基本处于停滞状态，这是一个令人担忧的状况。同时由于行业与市场状况都发生了很大的变化，中大汽保产业不寻求新的突破，增长极其困难。而如何走出增长困境，正是本文所要叙述的。

突破：中大汽保无法回避的命题

走到今天，中大创造了一些辉煌的成就，成为国内汽保产业老大，部分产品的市场占有率高达50%以上，品牌价值也达到四十多亿，股票在香港成功上市并成为当天上升幅度最大的股票之一，同时还是国内首家在港上市的民营企业。围绕汽车设备制造核心业务延展开的涂装、钢结构等产业逐渐形成规模，而客车制造也跻身于国内客车行业前10位。然而，随着制造在汽车维修保养业中的地位逐渐下滑、外界竞争压力的不断加大，使中大得以发展的主业汽保产业进入增长困难时期。如果寻找不到新的增长点，中大在汽保行业的龙头地位将遭遇冲击，长期下去将面临被淘汰的危险。

突破困境迫在眉睫

今天，企业的生存比以往任何时期更为困难，如果你不能够顺利增长，失败将不期而至。中大的汽车维修保养产业面临的正是增长难题，10年来汽保产业发生了很大的变化，行业的重心发生了转移，竞争状态也与以往大不一样，继续依靠以往在市场上的成功经验去面对当今与未来的竞争是无效的。综观汽保行业发展状况，主要出现以下几个现象：

一、设备制造厂家迅速增多，竞争日益加剧。由于汽保设备制造的门槛相对较低，近年来市场上涌现出许多新的生产商，中大的竞争对手迅速从数十家增长到几百家，他们与中大一样，利用低成本优势在市场上展开价格战，对中大原有的市场形成了一定的冲击；

二、市场进一步细分，在整个产品线上展开竞争难以成功。新的制造商进入汽保设备制造业后大多将重心放在某个系列产品的开发上，从而取得市场规模与效益的最大化，并且通过这一举动可以降低原料采购成本，与中大展开价格竞争；

三、竞争趋于白热化，利润日益减少。中国企业最擅长运用的竞争手段便是价格战，通过不停的价格战，最终导致了同行业企业的整体利润严重下滑，汽保设备制造业正面临这样的状态，中大继续留在该产业之中，利润日益稀薄是可以预见的；

四、设备制造市场空间有限，难以进行突破。汽车维修保养设备是耐用品，产品可以使用很久，市场难以进行扩张，一旦市场趋向饱和，继续销售的难度会不断增加，同时由于制造商不断增加，对市场进行细分，导致中大的设备制造产业继续发展难度较大；

五、国外品牌卷土重来，利用技术优势参与竞争。通过 OEM 等方式降低成本，当年被中大利用低成本优势赶出中国市场的意大利等国外企业重新参与市场竞争，由于他们拥有一定的技术优势，这股竞争势力不容忽视。

总之，尽管目前中大汽保仍然占据着一定的市场份额，但已失去了当年独当一面的盛况，产品销售进入艰难期。以往参加展览会是中大产品销售的主要方式之一，今天参加展销会已经不能够为中大带来销售。与中大汽保产业同成长的创业元老们有一个共同的体会：几年前中大汽保设备参加展会，装满设备的大卡车一车车拉过去，几乎都是空车回来。产品在现场就能够顺利卖完；可是在如今，同样规模的展览会，多少产品运过去，最终多少产品运回来。现场销售的货一年比一年少，现场订单的量也一年比一年少，而参加展会的生产商却越来越多。以往最为有效的销售方式在今天已经失去作用。

种种现象表明，对于中大汽保产业来说，一个现实的问题摆在面前：突破困境，迫在眉睫！

⊙十年一轮回

在研究企业发展规律的过程中，我发现一个现象，即当一个企业发展到10年时将面临一道坎，必须寻求新的增长和突破，否则将面临消亡的危险。联想10年通过选择PC业务继续壮大、万科则通过业务收缩将资源集中在房地产业寻求突破等等，而更多的企业则在10年这道坎上消亡。10年对于一个企业来说是一个蜕变的阵痛期：化蛹为蝶，还是作茧自缚？生存与发展将再度成为所有企业都无法回避的命题。

今天，中大正处于10年蜕变的挣扎之中。这个创建于90年代初的企业，经过10年的大浪淘沙，经历了两次重大的飞跃：由创业时简陋的个体修理店转变为成功研制第一台烤漆房的汽车维修设备制造商；再由单一的汽保设备制造商转变为两大主业发展的工业化集团企业，顺利的从个体服务店成长为产业化集团。

中大的汽保产业的发展历程和规模，在众多国内企业中具有一定的代表性：第一、中大与如今活跃在市场之中的“成功”企业一样，几乎都是从“计划经济”到“市场经济”、从“短缺经济”到“过剩经济”转型中的幸存者；第二、这些得以生存下来的企业基本都于第一个10年内完成了资本的原始积累并取得了一些企业管理经验，为下一阶段即将来临的国际化竞争做好准备；第三、这些企业同时面临着国内外两大竞争主体的竞争压力，一面要迎接WTO后国际品牌的竞争，一面又要面对国内一些新进行业者的挑战，以后的竞争将更为复杂与多样化。从某种意义上说，促使中大成功的因素与促使大多数国内企业成功的因素是一样的，而今天中大面临的发展问题也正是绝大多数企业面临的发展问题。

历经10年风雨后的中大与许多企业一样面临着新的增长问题，他们将不得不做出新的战略抉择。10年一道坎，物换星移，今非昔比，面对外界竞争格局与国内竞争环境的大变动，无数像中大这样的企业能否站在新的起点上，再度把握第二个10年的发展机遇？获得进一步的增长与发展？这已不再是一个遥远的问题，而是一个摆在眼前事关存亡的问题。

更重要的是要实现新的发展与增长，以往的管理模式与经营理念已经不再合适。要继续发展就必须进行全面系统的改革与调整，创建以市场为导向的组织机构，管理大师汤姆·彼德斯说："我们需要的是改革，而不是改良！"像中大一样处于增长与消亡边缘的中国企业需要的正是彻底的改革，任何循序渐进的方式都将是无效的。而中大地处盐城，在人才的积累上显得异常缺乏，中大汽保产业进行彻底的改革，人才将成为决定成败的决定因素。

总之，一股不可遏制世界竞争态势正在中国市场上形成：越来越多的世界级企业聚集到中国，中国市场将不可阻挡的成为国际性市场，这必然将催生出中国的世界级企业。这对于众多中国企业来说，是挑战，更是机遇。如果不能够在新的10年内成长为具有国际竞争力的企业，那么必然会在未来的角逐中出局；而如果我们能够在新的竞争状况下取得胜利，则有机会成长为世界领先企业，因为在中国将产生全面性国际化竞争。

突破已经成为中大汽保产业无法回避的主题，同时对于中大汽保产业来说，目前的困境也意味着一个新的机遇，任何困境的背后似乎必定拥有一个新的发展机遇。当年促使中大进军汽车维修设备制造业的正是困境（没有设备难以发展，最终选择自己制造）。今天，同样的问题摆在中大人面前：寻求增长？还是宣告失败？

如果你没有在增长，那么死亡将不期而至

在跟中大员工沟通的过程中，有一点令我非常担忧：所有的人都沉浸在目前汽保设备制造取得的成功之中，认为中大已经取得了市场领导地位，继续寻求增长很难。对行业的发展趋势与变化却缺乏深刻的理解，不知道该如何进行下一步的发展规划。同时由于集团领导将发展重心放在客车产业，认为汽保已经不再是中大的主要发展产业，能够继续维持下去即可，也就是说他们根本没有去思考中大汽保产业如何发展，而是停留在以往的成功上，不思进取。

在总论中，我曾针对目前流行的"企业生存论"提出质疑，并提出"发展第一，生存第二"的观点，随着对企业发展规律的逐渐加深理解，我进一步强化这一认识：如果你没有在增长，那么你的死期将来临！尤其是在今天这个变化迅速的时代里，行业发展日新月异。今天成功的经

验在明天将变得毫无意义，甚至还会成为阻碍企业成长的主要因素，许多企业正是因为抱着以往成功的经验而沦为落伍者的。

无独有偶，在《持续增长》一书中，世界排名第一的管理咨询大师拉姆·查兰（《执行》作者）与全球十大领导力大师之一诺诶尔·M·提切的也提出了这一概念：如果你的企业没在增长，那么，你的死期将至！他们主要从市场、股市信心以及人力资源三个角度展开阐述。一、如果你没有在增长，你的市场将处于危险之中；无论你曾经取得多么优秀的业绩，你的市场将不再安全，总会有新的竞争对手涌现，他们总是能够找到更好的方式满足顾客的需求，而一旦你不再增长，你将被他们所代替。二、如果你不在增长，股市将对你很难有好的评价；目前许多中国企业对股市认识还不够，股民也不够成熟，但是随着股民的日益成熟，经营是否在增长将成为他们对企业的重要评估方式之一。三、如果你没有在增长，你的人力资本将处于浮动状况；如果你的企业没有在增长，你将很难留住优秀的人才，因为他们的价值得不到体现，也很难得到应有的工作乐趣，最终必然会寻求空间更为广阔的公司工作，人才是企业发展的第一要素，脱离人才你将更难发展，最终死亡将一点一点的靠近。

拉姆·查兰与诺诶尔·M·提切告诉我们，我们必须促使企业时刻处于增长之中，今天的世界是一个高速发展的世界，商业世界更是如此。如果我们没有在发展，就意味着我们将面临被淘汰的危险。

⊙行业会成熟吗

中大人给我的另一个担忧是：他们总是认为汽保产业已经相当成熟，而且中大已经取得了行业领先地位，要进一步发展很难。他们在不停的传达一个概念：汽保行业已经成熟，没有更大的发展空间了。然而，行业会成熟吗？联信公司首席执行官拉里·博西迪却告诉我们：“根本就没有成熟市场这一回事！”我是这句话的狂热推崇者，无论这个行业有多么的饱和、竞争有多么的激烈，只要对行业未来发展的趋势有着深刻的了解，我们总是能够寻找到新的突破点，为企业找到增长空间。

许多人说中国的家电产业已经成熟，但是近年来依然有很多新型的家电企业不断涌现出来，他们通过产品创新与对市场进行细分找到了自己的定位并取得不菲的业绩；同样如此，多年之前便已经有人说我国的饮料业成熟，然而随着果汁饮料、茶饮料、功能性饮料等不断出现，饮料市场不但没有萎缩，反而取得迅速增长。可以预见，保健性饮料将为饮料行业带来下一个增长。这告诉我们任何一个行业都不会成熟，只会随着消费者需求的变化而不断细分和转化，如随身听转变为MP3、磁带转变为CD等，汽保行业也同样如此。

关于“行业成熟论”，有一个有趣的现象：无论企业处于哪个行业，一旦面临增长困境时，员工们都不会将责任归结于自身的失误，而是以市场已经趋向饱和、行业已经成熟等来做托词。在我看来，所有认为行业会成熟的人都只是在为自身的失误找借口。对于具有战略思维的人来说不存在“行业会成熟”这一概念。

经过分析，我觉得汽保行业远远没有成熟，而且由于我国汽车工业的蓬勃发展，可谓刚刚开始。同时中大目前汽保产业才做到十几个亿，远远没有达到无法发展的境地。

转型服务：战略三大规则决定企业发展战略

我们知道行业的发展趋势决定着企业战略，任何一个企业都不能够脱离行业的发展而取得发展。从企业战略的三大规则出发，首先确立行业的整体发展战略，然后结合企业自身资源对行业发展战略进行评估，寻求自身的发展机遇和空间，这是我为企业进行战略规划的方式。当然，同一行业的企业并非一定要选择相同的发展战略，任何一个行业都会面临细分，如IT业存在制造性企业如戴尔、联想等，也存在服务性企业如IBM、惠普等，还有软件提供商如微软等，都能够生存得很好，毕竟市场的需求是多样化的。

根据战略的三大规则，我们先来分析一下汽保整个行业发展的战略方向。

⊙汽保行业发展趋势与方向：制造已成末日黄花

对于众多中大人来说，首先需要弄清楚一个概念：汽保产业不仅仅是汽车维修与保养设备的制造，还包含着维修与保养的服务部分，并且是一个以服务为主导的行业。当年中大凭借制造获得成功是出于市场机遇，那时人们对服务的要求与认识不够，同时汽车维修与保养也不成规模，顾客评价一个维修保养店的标准是它是否拥有完善的设备。今天，市场已经发生改变，人们对服务的标准已经有了一个清晰的认识，更为注重维修与保养的品质，而设备只不过是维修服务过程中的辅助工具而已。

⊙汽保产业方兴未艾

我在前面说过，汽保产业不但没有成熟，而且刚刚开始。如果将眼光放在整个汽车维修与保养行业，我们会发现这样说丝毫亦不为过。因为在我国，汽车工业刚刚兴起，处于高速增长时期，汽车保有量以大于13%的年增长速度增长着。依照目前的发展趋势，中国市场有望成为超越美国和日本成为世界最大的汽车市场。其中最重要的一个趋势是随着人们消费水平的提升，私人轿车与家用轿车的兴起为汽车维修保养业提供了广阔的市场空间。这部分消费群体对维修保养拥有一定的认识，要求也越来越高，以往零散的街头维修点已经不能够满足他们的需求，汽车维修与保养将进入一个新的阶段。可以说真正意义上的汽车维修保养业刚刚起步，如果中大能够把握住这一机遇，将取得一个新的增长。在买车人之间流行着这样一句话"买车便宜养车贵"，即买车的费用较小而养车的费用却很高，这从侧面证实汽车维修保养业拥有广阔的市场空间。可以这样说，汽车行业的发展空间有多大，汽保产业就能够做多大。

⊙制造已成末日黄花

汽保行业分为两个部分：一、市场前端的服务部分，如4S店、维修保养店等；二、为前者提供维修保养设备的制造部分。中大是从前者跨入后者的，这一转型是符合当时的市场需求的，但是今天情况已经发生改变，制造已经成为末日黄花，中大继续留在制造部分将很难取得发展。以下几个现象可以说明这一点：

（一）设备制造部分的竞争格局发生改变

由于汽车工业的迅速兴起，一些企业开始关注汽保设备制造，由于汽保设备制造的门槛相对较低，一些新的竞争对手不断涌现，竞争日益加剧。同时随着市场进一步细分，新进入市场的制造厂家几乎都在某类产品上具有成本或技术优势。另外国外企业通过制造外保等方式逐渐降低成本卷土重来，他们拥有一定的技术优势，在市场上具有很强的竞争能力；

（二）价格战盛行使得整个行业利润日益缩水

新进入市场的企业总是会对已有领导企业发起进攻，他们使用的方式一般有两种：一是利用技术优势展开竞争；一是利用更低成本的优势展开竞争。中国企业通常选择后者，尤其是一些中小型制造厂商，在人员、原料等方面具有一定的成本优势，不断的进行价格战，最终导致了行业整体利润严重下滑。

（三）汽车维修保养设备难以形成重复购买

汽车维修保养设备是耐用，很难形成重复购买，一旦市场饱和，继续销售的难度会不断增加，导致中大汽保产业继续发展的难度较大。

（四）服务成为主导行业发展的主要因素

汽保行业发生了巨大的变化，以往的维修与保养方式已经不再适应市场发展的需求，由于轿车进入寻常家庭，他们对维修与保养服务提出了更高的要求。目前的维修与保养状况已经难以满足他们的要求，可以预见，整个行业将发生质的改变，这个改变就是以顾客的需求作为行业（服务）的标准，重新建立新的运营模式与服务方式。

总之，继续留在汽保设备制造部分已经难以获得高额利润，拥有设备就能够提供出色服务的时代已经一去不复返，今天顾客关注的重心已经改变，设备只不过是维修与保养服务中的一个环节而已，对行业不再具有决定影响力。

服务成为行业重心

既然汽保产业已经进入服务（汽车维修与保养）为主导的时代，那么，要在汽保产业继续发展下去，我们必须关注服务部分的现状，寻求新的增长空间。任何一个车主都知道目前我国汽车维修与保养行业处于混乱状况，完全可以用“一高一低”来形容：

一、4S店与特约维修站在服务技术与零配件供应上虽然出色，但价格昂贵且区域特色明显，大部分顾客的消费能力承受不起。随着大众购车成为潮流，人们需要更具价值感的服务，即服务品质高但价格适中的汽车维修与保养服务；

二、零散而服务技术相对较差的维修店近年来由于竞争压力加大，纷纷进行价格竞争，导致利润下滑，而服务质量则越来越难以满足顾客需求。这些“路边店”、“快修养护中心”一般店面小、人员少，成本相对较低。但是由于缺乏科学管理和技术保障，同时缺少正规零部件供应渠道的支持，只能够开展价格战，最终使得整个行业呈现竞争无序化。

针对这两种状况，汽车维修与保养必须走上规范化之路，这是顾客的需求，也是市场发展的必然。服务能力、服务质量以及维修商的品牌等将成为顾客选择的主要因素，这意味着连锁经营模式将成为汽车维修与保养行业今后发展的主要趋势。

服务竞争来自国际企业

汽保行业服务部分的竞争将在国际品牌之间展开，由于国外尤其是欧美和日本汽车工业的发展较为成熟，因此汽车的维修与保养业也相对成熟。而中国作为汽车工业刚刚兴起的市场，有着广阔的发展空间，这些国际汽车维修与保养企业自然不会错过。而国内企业则很少看到这一趋势，依旧停留在制造上，在汽车维修与保养方面难以形成很强的竞争压力，目前只有蓝星集团拥有一定的规模。

目前，一些国际品牌已经开始在中国市场布阵，谋划中国的汽车维修与保养市场。其中主要代表是位列世界500强的全球最大汽车维修巨头博世，2004年博世中国公司宣布要在中国建立最大的汽修网络。上个世纪80年代起博世便开始涉足中国汽修业，但由于那时我国的汽车工业发展相对缓慢，似乎并不成功。2003年后博世看到了我国汽车工业的发展势头，一改以往的温和策略，宣布2010年在中国市场上的维修点将达到1 000家，遍布中国各个城市。业内人士称，一向以战略稳健著称的博世此举绝非冲动。根据中国汽车市场的发展来看，这样的策略也称不上冒进，因为我国的汽车工业完全可以用日新月异来描述。相关资料显示，2007年中国将成为仅次于美国和日本的世界第三汽车生产国，到2020年，中国则将替代美国成为世界最大的汽车市场。

市场价值转变：服务品质

行业重心向服务倾斜，导致着客户购买心理的改变，以往中大的主要客户是维修保养部的负责人，今天他们不再具有决定权，他们必须根据顾客的需求来决定购买的产品。以往中大的产品代表着维修店的服务品质，今天服务的品质不再由拥有什么样的设备决定了，而是由车主决定。以往是制造支撑服务，今天是服务引导制造。

无论是制造还是服务都必须为顾客创造价值，一个企业的发展必须为顾客带来价值，否则企业将难以发展。那么，汽保产业如何为顾客创造价值呢？私人购车者越来越多，服务也将越来越重要，人们对服务质量的要求也越来越明确。很显然，要在汽车维修与保养市场中生存下去，必须提供出色的服务，服务的品质成为消费者最为关注的问题。同时由于私人购车形成潮流，价格是他们关注的另一个问题。

市场价值需求的转变将对我国目前的汽车维修与保养市场产生冲击，目前我国整个汽车维修市场处于无序竞争状态。随着市场的逐渐完善，汽车维修与保养市场将逐渐规范化，“一高一低”状况也必定面临改变。针对顾客对服务的要求，结合国外成熟的汽车维修与保养市场状况，连锁经营将成为趋势。只有统一标准的服务才是顾客所需要和信赖的，而零散的维修店由于难以提供标准服务将逐渐被淘汰。

汽保产业利润从何而来

标准在哪里，利润就在哪里

我们知道战略的第三大规则是能够促进企业长久发展，即新的战略选择不但要有发展空间，还要为企业带来利益回报，不能够为企业带来利润增长的战略是失败的。根据前面的行业分析，我们知道中大如果继续停留在汽保设备制造业务上，必定面临利润急剧下滑的状况，只有参与服务业务才能够获得利润并从日益激烈的竞争中脱离出来。对于中大来说，向服务转型不仅是一个趋势，也将是新的利润增长点。

根据对众多行业进行分析，我发现一个规律：行业的标准在哪里，利润就在哪里。如计算机行业，当年由于计算机不能够在中文环境中运行，联想汉卡创造了一个标准赢得了市场并为未来的发展打下基础，后来软件代替了汉卡成为新的标准，这时候获利最多的便成为微软的“Windows”。无论在哪个行业，只要掌握了标准就掌握了利润。麦当劳如此，沃尔玛如此，IBM 的 IT 服务业务也是如此。许多中国企业热衷于低成本的制造，而不关注行业的标准的建立，这样的企业最终必定沦为别人的附属部分。

那么，行业的标准在哪里？消费者的需求在哪里，行业的标准就在哪里。戴尔的成功便是因为其在个人电脑业务中迎合了消费者的需求：自主与快捷，这两者构成了个人电脑业务的标准，谁能够在这两个方面做得更好，谁将替代戴尔成为个人电脑业务的新霸主。

谁洞察未来，谁将拥有现在

“谁征服过去，必定拥有现在；谁洞察未来，必定征服现在。”在分析三星的过程中，我曾总结出“三力原则”，其中第一力便是“洞察力”。是否拥有洞察力是企业能否制定正确战略的前提，如果不能够洞察行业未来的发展趋势，企业是很难制定发展战略的。可以说，一个企业拥有了出色的洞察力便拥有了战略。

谁洞察未来，谁将拥有现在。今天，我们已经看到汽保行业未来的发展重心在服务业，任何一个汽保企业无视这一趋势，都将沦为落伍者，对于中大来说同样如此。

根据以上分析，我们已经知道汽保行业的整体发展趋势与市场价值需求，转型服务无疑是最好的出路，但战略的制定还需要结合企业自身的资源与优势。现在，我们来看一下中大汽保产业现状。

全面检验中大汽保产业状况

行业发展的趋势确定后，我们还需要对企业目前拥有的资源进行评估，看其是否能适应行业的发展趋势，如果不能够适应这一趋势的需求，则这一方向是不适合企业发展的。如 IT 服务将成为 IT 业的发展趋势，但许多中国IT企业不具备提供服务的资源与能力，所以只能够停留在PC制造业上。服务业无疑是汽保行业的主要发展方向，那么，中大能够在其中寻求发展吗？

制造依赖症

企业在某个方面取得了出色的成绩之后，通常会对这一方面形成过多的依赖而不愿意进行业务调整，寻求新的增长与发展。管理大师彼得·圣吉在《第五项修炼》中运用了温水中的青蛙来形容这些企业，而中大正是这样一只青蛙。当年由于成功的从“服务”（维修）走向制造，并取得了高速发展，至今汽保设备制造依然是中大的部分利润来源，因此他们死守着制造不放，形成了“制造依赖症”。如果不出现亏损或面临强大的竞争，中大人是不会轻易放弃汽保设备制造业务的。

然而，对于中大来说必须走出目前的“制造依赖症”，因为行业的趋势已经相当明了，不能够转型服务并掌握服务的标准，中大的汽保产业之路将越走越窄。当年，韦尔奇正是看到通用电气的收入过多的来源于制造，整个企业对制造形成了依赖，才下大决心进行改革，将金融服务业作为发展的重心，否则通用能否发展到今天的规模也难以确定。

事实上，西方一些企业发展历程已经给了我们明确的答案，因为今天在中国兴起的制造浪潮，在20世纪70年代已在欧美等国发生过，那些停留在制造业中的企业很少能够摆脱被淘汰的命运。中大的汽保产业要走出增长困境，就必须走出“制造依赖”。

二元战略：发展重心转移

2002年6月，中大通过收购方式进军客车行业，形成了我所说的二元战略。进入客车行业以后，中大将更多的资源放在了中大客车产业的发展上，因为制造汽车中大创始人徐氏兄弟的梦想。这从2003年中大制定的“百亿战略”中可窥一斑，“百亿战略”是一个完全数字化的目标，体现了中大急于做大做强的目的。具体内容为：客车年销售额50亿元（年产一万辆）、专用汽车年销售额10亿元、汽车底盘及配套件年销售额30亿元、而以往企业发展的主业汽保设备年销售额10亿元。仅仅从数字上就可以看出中大已经将企业发展的重心放在客车产业。然而，我国的客车行业已相对稳定，宇通、金龙等已形成规模，国际品牌 VOLVO、奔驰等也通过合资方式进军中国市场，中大要进入前三名存在着一定的难度。

但汽保行业则完全不同，中大拥有十多年的经验和积累，在顾客心目中有着一定的影响力，品牌也已经被众多客户所认同。中大继续专注于汽保产业的发展则可能成为新的行业领导者，而且远比在客车产业取得领先地位来得容易，我曾经在多个场合建议中大将伸到客车行业的那条腿撤回来，集中力量寻求汽保产业的突破。

制造优势依存

尽管中大目前将企业发展的重心放在客车产业，并且有越来越多的竞争对手，中大的汽保产业在客户心目中仍然占据一定的地位，部分产品如烤漆房等依然拥有 50% 以上的市场份额，仍然是汽保制造业务中当之无愧的第一品牌，是通用、大众等国际著名轿车生产商的合作伙伴。最重要的是中大汽保的品牌价值高达四十多亿，是维修市场的首选品牌。可以说，中大在汽车维修与保养设备制造业务上拥有一定的优势，而这些优势为中大汽保产业的转型提供了有力的支持。

顺应规律，把握发展：化战略为行动

企业的发展战略必须符合行业发展的趋势，通过对汽保行业发展趋势和市场价值需求的分析，我们已经把握了汽保企业发展的最佳方向。我相信这一方向对于中大来说同样是最好的选择。

当然，中大要在服务业务中寻求发展，必须进行一次全面的改革，抛弃以往成功的经验与管理模式，创建全新的适应市场发展需求的经营模式。近来西方企业界流行一种概念：市场驱动型企业。即根据市场的需求进行服务（产品）和组织结构调整，一切目的都是为了更好地为消费者服务，IBM 将这样的企业称作为“随需应变”企业。中大要在未来赢得胜利就必须成长为这样的企业。根据市场发展的需求，结合中大汽保产业现状，我认为中大需要进行以下战略调整。

⊙从制造到服务的整体发展战略构想

根据汽保行业的发展趋势，服务业务成为行业的利润重心，制造已经沦落为末日黄花，利润日益减少，从制造业务向服务业务无疑是中大最好的选择。

因为中大在制造业务中存在的优势，中大的服务业务能够得到顺利发展，我在前面曾经说过连锁经营将成为维修与保养业务发展的主要方式，对于连锁经营来说，最重要的便是品牌与服务的标准建立。中大在汽保设备制造的第一品牌，在维修保养市场中具有一定的影响力，而一些主要维修设备如烤漆房等由自己制造，在产品质量等方面有着一定的保证，能够为顾客提供统一标准的优质服务。

依据战略的三大规则，中大汽保产业调整后的整体发展战略为：从汽保设备制造业务第一品牌到维修与保养市场第一品牌。我们知道仅仅制定整体发展战略是远远不够的，企业的能否发展取决于战略的实施。围绕中大汽保产业的整体发展战略，我们在战略三个层面上进行了一系列的规划。

⊙公司层面战略：为谁提供服务

公司层面战略界定了企业的发展方向以及企业最终的目标，要完善公司层面战略首先回答一个问题：你的企业将为谁服务？只有清楚消费群体的需求，才能够知道企业做什么，才能够知道企业的定位。那么，中大将为谁服务？转型服务业务只是一个很空泛的概念，汽车维修与保养业务包含的服务对象很广，我们要做的是找到属于自己的那个顾客群。

经过分析，我们发现高档轿车如奔驰、宝马等拥有者基本不太在意价格而强调服务品质，他们基本上会选择特约维修站和自有品牌的4S店。而低档车的车主则由于车本身的价格较为低廉而过于关注价格，往往精于算计，同时又不必追求配件的高品质，所以市场空间不大。最具潜力的市场是中档车的维修与保养市场，这部分车的拥有者基本都是自驾车，他们对车极其爱护，对维修和保养的服务要求相对较高，注重维修店的信誉与品牌，一旦选择了一家维修店忠诚度相对较高。中大的设备基本上都是为这部分顾客服务的，这样我们就可以将中大以往的优势与服务业务结合起来，我们希望中大不仅仅是一家维修服务商，而且是维修服务标准的制定者。它的职能不仅包含维修与保养，还包含有专业的技术咨询、养车培训等附加服务内容。

最终，中大汽保产业的定位是：为中档车的拥有者提供全面系统的维修与保养服务。

营销层面战略：品牌就是标准

对于连锁服务机构来说，制定标准是其能够持续经营的主要条件之一。麦当劳、肯德基等西式快餐能够成功的原因就在于他们建立了一种标准，而中式快餐由于难以建立标准而罕有成功。一旦连锁企业的服务达到一定标准之后，消费者往往不再关注其产品或服务本身，因为到了这种程度之后，企业的信誉与品牌便已经成为标准的象征。品牌的建立来之不易，任何一个企业都不会轻易放弃的。

中大在设备制造业务中拥有一定的品牌影响，这种影响可以延伸到服务业务中来，但如果没有完善的服务体系与服务标准支撑，这种品牌影响会成为发展的阻碍。连锁机构的品牌建设基本依靠服务品质与终端形象，因此在进入服务业务初期，我们主要强化以下三个部分：（1）深入分析顾客需求，建立服务标准；根据顾客的需求，在“快”（服务时间）、“高”（服务品质）、“优”（服务技术）三个方面建立行业标准；（2）强化终端建设，强化顾客体验；体验是最直接的品牌传播和塑造方式，而终端形象是第一要素，终端是顾客对维修店的第一印象，结合优质的服务能够很快塑造顾客的忠诚度；（3）建立顾客反馈系统，提升服务价值；一些企业不注重顾客的反馈，而卓越的企业如沃尔玛却将顾客反馈当作完善服务的机会。通过会员制服务，我们能够很快对顾客的满意度进行评估，并将之当作一次调整与完善的机会。我相信通过这些努力，中大汽保的服务品牌将很快为顾客所接受与认可。

运营层面战略：构造连锁经营模式

在战略的三个层面上，运营层面战略是公司和营销两个层面战略的支撑点，也是确保战略成功实施的基本保障。通常在企业实施战略变革的过程中，运营层面战略的调整与变动是最为突出的，遭遇的阻力也最大，中大同样如此。改变产品或服务容易，但改变组织结构与经营观念却很难。

针对中大目前的现状，实现从制造向服务的战略转变，首先要解决两个主要问题：一是整体经营模式的调整；二是人员观念的改变。服务型企业的运营模式与制造企业是完全不同的，如果继续以制造企业已有的运营模式与观念经营服务型企业，失败是难免的。

在运营模式上，我们选择了符合汽车服务业务发展趋势的连锁经营模式，在国外这种模式早已兴起，但在国内市场仍是一种新型的经营模式，对于汽车后市场具有变革性意义，是介于4S店和传统维修店之间最适应市场需求的服务模式。面对中国汽车服务市场巨大的发展空间，国外品牌纷纷竞相攻城圈地，而他们最拿手的方式便是连锁经营。例如全球最大汽车快修连锁企业美国AC德科公司，将在华东地区发展200家以上的汽车快修连锁店；全球第二大零部件供应商博世中国公司计划用5年时间建立1 000家维修点，等等。相信不久以后，汽车服务连锁机构将成为市场一道新的风景。

为了支撑连锁经营顺利发展，中大在进一步强化维修设备制造的同时，建立完善的市场研究部门、资源整合部门、技术培训部门等。市场研究部门主要对顾客需求进行深入研究，随时掌握顾客的需求动向，使中大汽保服务业务处于市场的最前沿，为顾客提供量身定制的服务。资源整合部门是对连锁运营所需物资的整合采购与配备部门，这个部门具有相当重要的地位与作用，是中大连锁机构能够提供完善服务的保证，它还需要与市场研究部门形成互动，提供顾客想要的服务。技术培训部门是服务品质的保证，连锁经营的重点是建立标准，那么培训就是建立标准的最重要手段，汽车维修与保养并非简单的业务，它需要技术支持，如果没有强大的培训系统，整体的服务品质必定难以保证，市场也将难以发展。这三个部门决定着中大连锁经营能否顺利发展，也决定着中大汽保产业能否顺利实现战略转型。

通过战略的三个层面，我们将中大汽保产业的服务战略转化为可执行的计划，整个计划以服务为核心，致力于将中大打造成一家优秀汽车维修与保养服务机构。在执行过程中，我最大的担心是人，任何一次变革都需要一支以此次变革为理想的团队，然而中大却没有这样一支队伍，正如一位管理顾问所说："中大汽保产业缺乏的不是资源，而是明确的战略规划以及实现这一战略的团队。"在明确了战略之后，中大将这方面作为突破口，现在这支团队已经成为中大的中坚力量。

第九章
整体大于局部之和
——中大客车产业突破增长困境

能够整合企业内部以及企业与关键合作伙伴、供应商和客户之间的流程；能够对任何客户需求、市场机遇以及外来威胁做出快速灵活的反应。但企业向“随需应变”转型不可能一蹴而就，必须具备四个条件：反应灵敏、变化灵活、关注重点、弹性运行。

——IBM 认为“随需应变”企业应该具备的特征

由于种种原因，能够制定清晰发展战略的中国企业少之又少，最常见的错误出于对行业发展趋势缺乏很好的预测以及对自身的认识不足。

在战略导向与机会导向之外存在着第三种企业发展方式：梦想导向，中大汽车产业便是其中之一。

中大客车的扩张运动：机会导向 VS 战略导向

2002 年，中大集团认为自身在汽保产业已经取得了一定的成就，继续停留在汽保行业难以拥有更大的发展空间。当时中大的部分汽保设备与产品的市场占有率占据国内市场的半数以上，在国际上也取得了一定的影响，顺利进军日本及欧美市场。2001 年 11 月在香港联交所成功上市，更是使集团上下沉浸在成功的喜悦之中，于是他们认为应该寻求更为广阔的发展空间。通过控股方式控制了同处一地的盐城中威客车制造厂，由此开始了中大汽车发展之路，资本的力量让中大大尝甜头，于是加快了并购的步伐，自 2002 年始，中大先后控股了上海光辉、北京燕京、四川峨嵋、南京金陵等多家客车生产厂，形成了备受媒体赞誉的中大客车系，在业内外引起了广泛关注。

对于中大进入客车行业，外界拥有许多猜想，在介入客车行业初期，中大集团总裁徐连宽曾经说过这样一句话："凡是国有企业生存得很好的行业，民营企业必定有机会!"，因此许多人认为中大进军客车业是出于机会导向，然而根据我亲身到中大内部深入了解发现，中大进军客车业并非仅仅出于机会，目前为止中大在客车产业上尚未获得利益回报。机会导向型的企业最重要的特征便是追求快速的资产回报率，中大的客车产业似乎并非如此。但这并不能表明中大是出于战略导向进入客车行业的，因为中大除了大肆并购与连续两次降价 20% 的举动引起关注外，并没有特别明确的战略规划及目标。

在中大集团的 10 周年宣传专刊中，我读到了这样一段话："在徐氏兄弟的众多梦想中，最大的一个梦想是有一天自己能够制造汽车。"这为中大进入客车业提供了一个理由，我由此发现了战略导向与机会导向以外的第三种企业发展方式：梦想导向。几乎所有的创业者都是源于梦想而展开创业历程的，然而企业发展到一定阶段仍然为了自身的梦想而努力的企业家却很少，这为中大客车产业增添了一些与众不同的烙印。

中大将进军客车行业作为自身发展的重要转折点，用中大人自己的话说便是"真正实现了由汽车设备制造业向汽车制造业的战略转移"。

这不仅反映在对外传播上，还体现在集团的发展目标之中，2002年制定的集团百亿战略中将客车销售收入目标从零一下子提升至50亿，而集团赖以发展的主业汽保产业销售目标仅仅为10亿，也就是说集团对汽保产业基本采取放之任之的态度而全力以赴发展汽车制造。任何一个了解汽保与客车行业的人都知道，以目前中大在汽保产业的积累与资源取得更进一步的发展是相当容易的，汽保产业也并非没有发展空间，随着中国汽车工业的发展与人们消费水平的不断提升，轿车已经成为部分家庭的主要消费产品之一，汽车保养与维修业将取得更为广阔的前景。而在客车业取得发展却是困难得多，除了国家政策的制约外，客车制造对资金、技术、人才等方面都拥有很高的要求。

梦想导向型的发展方式对企业提出了更高的要求，需要目标坚定且不惜一切代价。IBM对“随需应变”企业提出要求具备的四个条件：反应灵敏、变化灵活、关注重点、弹性运行，梦想导向型企业缺一不可。

中大汽车产业发展战略：大而全

已故诗人顾城写过一首关于梦想的诗，大意如此：“梦想总是将现实宽恕，而现实总是将梦想打碎！”如果对现实缺乏清晰的认识，梦想的失败是必然的。中大制造汽车的梦想也是如此，并非进入客车行业便意味着梦想已经成功，更重要的是如何获得持续的发展，准确的战略是企业取得发展的基础。

现在，让我们看一下中大汽车产业的发展战略。

确切地说中大对客车产业几乎没有明确的战略规划，有的仅仅是诸如“进军客车行业前三强”、“成为国内主要商用车生产基地之一”的构想而已，同时对如何实现这些构想却无明确表述。

经过反复分析，我才从中大集团高层领导的运营思路和对外宣传中获得中大汽车产业的发展战略：通过资本运作手段进行并购形成客车产业链，求大求全，在整体上与对手展开竞争，通过产能规模与低成本形成的价格优势去抢占市场，成为行业前三强。一系列的数字是：客车年销量达1万台、集团营业额突破百亿、客车销售达到50亿等等，至于生产什么样的产品、抢占什么样的市场等却没有明确细分，走的是“大而全”路线。其中有两个词值得我们深思：“规模”与“价格”，这应该属于迈克尔·波特所定义的低成本战略，也是中国企业惯用的战略之一，尤其是格兰仕的成功进一步强化了中国企业走低成本战略的决心。格兰仕的成功是因为其拥有全球最大的微波炉制造基地，而更多的企业没有，中大同样没有（快速并购的目的正是为了实现规模最大化目标）。中大的“大而全”战略出于近年来中国企业界兴起的“整体化运营能力决定未来胜负”理论的影响，寻求全面突破，将所有的一切都掌控在自己手中，从客车底盘生产到零配件乃至客运公司，形成完整的产业链，打通上下游关系，近来中大高层又传出整合30家配件生产商与40家客运公司的计划。我们一旦深思其战略背后的意义以及可行性，便将发现这样的构想仅仅是一个不尊重现实的梦想，缺乏可行性。

中大汽车产业战略是否具备可行性

任何一个企业要发展必须制定符合战略三大规则的企业发展战略，因此进行战略规划时就必须回答以下三个问题：企业发展战略是否符合所在行业的发展趋势？能否体现顾客的需求价值？实施该战略能否为企业的未来带来应得的利益回报？

同时还必须回答一个关于战略转化为执行的问题：你的企业是否具有实施这一战略的能力？许多企业在确定战略之前对自身的现实状况缺乏清晰、深入的了解，中大汽车产业战略便是其中代表之一。

经过对客车行业（中大汽车目前仅仅涉足客车产业）发展趋势以及中大自身状况的了解，我们发现中大汽车产业发展战略难以回答以上这些问题，因为这是一个源于主观梦想的决策，如果中大期望在客车行业取得持续发展，就必须正视这些问题，重新进行发展战略规划。

2004年，中大客车获得了意外的发展，内销与出口都有出色表现。一是两次大幅度降价引起了客户关注，可谓牺牲利益促进发展；二是生产系统经过大力整顿，生产效率大大提升。二者结合使产销有了很大突破，尽管缺少利润，但一切似乎呈现良性发展趋势，许多人因此而沾沾自喜。然而，从长远发展来看，这不能够称之为成功。首先，顾客对中大客车的产品质量了解不够深入，仅仅奔着价格而来；二是因为没有明确细分市场，利用人海战术进行四处撒网，成功率虽低但整体数目还可以。随着顾客对中大客车的质量以及服务的品质进一步了解，这种成功将成为过眼云烟。

中大汽车产业发展战略违背战略的三大规则

为什么说中大汽车的“大而全”战略难以成功？为什么说中大汽车的低成本战略难以发展？战略的三大规则为我们说明了一切。

客车行业发展趋势：整体，还是细分

一旦我们对客车行业进行深入分析，就会发现大而全并非未来发展趋势，正相反，产品细分、技术细分、市场细分等将成为市场化后的客车行业发展趋势：

一、任何一个企业都不可能掌握所有客车制造需要的相关技术与零配件的生产能力，更何况目前客车的主要技术基本掌握在国际企业手中，而各个元配件都拥有自身的特色与技术，客车组装是行业发展的必然结果，今天客车制造是组装，明天依然是组装，因为客车行业的发展趋势是细分合作；

二、参与所有相关元件的制造与经营并不能够降低企业的整体经营成本，一旦某个企业参与所有配件的生产（包括控股），我们将会发现最终的结果必然是增加运营成本，也难以形成规模，分工合作各守其责将成为必然；

三、客车行业的进一步市场化发展将导致市场细分成为必然，交通、旅游、客运等对客车的性能与配置要求都是不一样的，不同的客户需要不同的产品。轿车行业的发展已经证实了这一点，你不可能提供消费者所需要的每一款车，多年以前“总有一款适合你”可以吸引很多顾客，今天却没有任何一点效果。客车同样会进入个性化需求时代，长途、短途以及山区与平原等等都是未来细分的基础。

四、任何一个企业都难以在整体市场上与其他企业展开竞争，这样所需要的人力、资本、运营能力都相当复杂，而复杂必然导致混乱，混乱必然衰亡，多元化为什么难以成功的原因正是因为混乱。因此细分市场寻求突破将是未来的趋势，即便是强大似 VOLVO 也不会在全线展开竞争，而是始终强调其安全性。

客户需求：价格，还是价值

中大赖以成名的是其价格利器，然而客户需要的真的是价格吗？

客车行业的市场与大众消费品的市场完全不同，客车企业需要考虑双重用户：购买者与乘坐者。这两者的需求是不一样的，购买者考虑的是如何最大化的获得回报，即经营效应最大化；乘坐者则考虑自身乘坐的舒适性、安全性以及快捷性等等。随着客运市场的逐步完善与发展，乘客对服务的要求也将越来越高。可以预见，乘坐者对购车者决策的影响力将越来越大。同时因为乘客的需求不一，商务、旅游、休闲等要求各不相同，因此购车者的需求将逐渐细分。也就是说，客运商首先考虑客车产品本身是否符合其目标市场的需求，然后才会考虑到价格因素。由此看来，中大的价格策略如果没有产品品质的支撑是无效的，而且这种品质需要符合最终消费者（乘客）的需求。

我们可以很清晰的得出答案：客户需要的是价值，而不是价格，而且客户需要的是针对某个细分市场特定需求的价值。20世纪艾·里斯与杰克·特劳特在“定位论”中强调任何企业的成功都必须建立在独有的市场基础上，今天依然有效。要真正适应客户的需求，中大需要对市场进行细分与深入研究，明确自身的优势，针对某个专业市场进行产品开发，在特定的市场中做到最强最大。

规模真的能为中大带来利益回报吗

没有利益，企业就无法生存，而中大始终强调的规模真的能够达到低成本的目的吗？真的能够为中大创造利润吗？

中大连续降价的原因是规模相对较小时利润较低甚至亏损，一旦销量提升规模上去后则会为企业创造利润，价格战不是目的，市场占有率最大化才是目的，通俗一点说就是将未来的利润提前使用。

这是一种静态思维，没有考虑到外界环境的动态发展。

所有期望通过规模赢得市场的企业都必须面对一个问题：竞争品牌也降价将如何应对？是继续降价应对，还是保持利润？继续降价会导致最终利润全无，保持利润则会失去市场，中大将如何选择？再说中大目前的规模并非最大，仅仅是二流而已，低成本优势也说不上，可以预见长期下去，中大的汽车产业将被低利润或无利润拖垮。同时，如果一辆客车真的只有一棵白菜的利润，中大进军客车业又有什么意义？难道真的只是为了实现自身的梦想吗？

格兰仕为规模取得成功提供了一个鲜明的样本，那么，为什么格兰仕的价格策略能够成功，中大汽车的价格策略却难以成功呢？因为格兰仕拥有全球最大的微波炉制造基地，能够取得一定的规模优势，是其他企业难以企及的，而中大目前的产能在国内还难以取得领先地位，在规模上寻求突破很难。

中大通过规模取得未来利润的构想，在实际运作过程中可能会遭遇一些意外的阻力而难以实现，这些阻力往往不是来自于已经处于领先地位的客车生产商，而是与中大处于同一阵营的二线企业。

从战略的三大规则看来，客车企业发展方向群为：针对细分市场提供最具价值的客车产品与服务。价值主要体现在以下几个方面：高效率、出色的性价比与提供适合细分市场需求的产品等。不仅是中大需要遵循这一战略方向，已经获得一定市场地位的企业同样需要调整自身的战略，以符合客车行业企业发展的方向群。

根据以上分析，我得出的结论是：中大汽车产业战略不符合客车行业企业发展的方向群，因此难以成功。

战略的三个层面决定中大汽车产业战略难以成功

企业的发展战略能否实现还体现在战略的三个层面上，战略的三个层面是企业战略能否得以成功实施的保证和基础。

在经过对中大集团内部运营的深入了解后，我发现中大汽车产业的发展战略不符合战略的三大规则，同时战略的三个层面也是难以支撑企业发展。

公司层面战略：缺乏清晰指向

中大汽车产业没有明确的公司层面战略，仅仅阐述了一个目标："实现客车产销一万台，进军客车行业前三强"，在什么样的市场寻求突破以及成为一家什么样的客车生产商都没有清晰的表述，对于未来的发展以及员工缺乏指导性意义，同时没有表明公司最终发展的方向，是一个空洞的概念。一旦中大汽车产业遭遇挫折（这似乎是每个企业都难以避免的），则由于缺少明确的方向会导致企业内部混乱而迷失，许多企业不能够走出困境正是源于这一原因。

营销层面战略：缺乏明确定位

中大在营销层面上的措施可以用以下几个词来描述：降价造势、全面提供、利益驱动、概念传播。价格开路是首选策略，2004年连续两次降价20%引起业界震动，使中大迅速为客户所认知，对销售起到了一定的促进作用；全面提供是指中大的客车产品线很长，客运、旅游、公交等几乎全面覆盖，在销售上采取人海战术，许多销售人员不明白自己的销售为什么会成功，这种成功可以用“碰”来形容；利益驱动。中大的客车销售部分采取经销商代理方式，为了最大化激发经销商的积极性，中大不惜牺牲利润而追求销量；概念传播，中大对品牌没有一个系统化的建设，在促销、公关等活动中传播的主题如价值、五心战略等都停留在概念层面上，在执行中没有得到很好的体现。

这些策略对于短期市场的发展具有一定意义，但从产业的长远发展来看却没有太大的价值，甚至还会为未来的发展带来制约。

运营层面战略：缺乏聚合力量

中大客车产业的运营用缺乏重点来形容并不为过，生产、销售、采购、研发等部门相互独立、各自为阵，对市场需求没有明确细分，而是根据客户需求变动进行产品生产，一旦出现问题需要承担责任时，各部门相互推诿。

管理上也保留着创业初期的管理特色，缺乏系统化的制度管理，这似乎是民营企业的共性。生产由于缺乏出色的流程，效率低于同行业企业，而地处盐城使中大客车产业缺乏足够的技术与管理人才。

整体运营上没有一个主导方向的工作重心，中大的资源得不到充分的使用，不利于中大在客车行业的发展。

从公司、营销、运营三个战略层面上来看，中大要实现“大而全”的战略目标是很难的，如果中大期望在客车行业取得发展，则需要进行全面的战略调整。

关于中大规模优势与并购战略的分析

中大对规模的定义不仅体现在客车生产的产能上，还体现在企业整体规模上。同时并购是中大选择的主要增长方式，在中大进军客车行业中担负着重要的角色，因此在这一部分，我将对这两个方面展开更进一步的探析。

不集中的规模不能称之为规模

中大在其战略中始终强调低成本优势，并表明其低成本优势体现在规模与低廉的劳动力两个方面。

至于劳动力成本优势，我认为意义不大，一是相比地处河南郑州的国内客车领军企业宇通来说，中大的这一优势并不明显；二是许多企业已经逐渐将生产工厂放在一些人力成本相对较低的区域，这种优势必将消失。

对于规模成本优势，中大目前的思路是今天按照一万台客车的成本进行无利润（或低利润）销售，一旦实现一万台的销售目标，利润自然就会产生，然而一旦竞争对手跟进，或是市场发生改变，则中大客车销售提升的目标可能将变得遥遥无期。

中大对规模还有另一种理解：大即是规模，不断并购以及上马底盘生产线都是这种观念的体现。许多中国企业认为只要企业做到足够的大就能够实现一定的规模优势，就能够掌握一定的市场话语权，于是盲目求大。实际上大往往并不能够带来规模，而是管理的混乱。

规模只有集中在某个系列的产品上，才能够达到元配件采购的规模化，分散性采购销售量再大对于规模效应的产生也没有意义。由于中大没有对目标市场进行明确界定，而是针对各种市场提供不同的产品，这就必然导致采购的分散性。同时“大而全”无法形成系统化生产，也难以寻求技术突破并提供完善的服务。中大要达到规模效应就必须细分市场，在某个市场做到全国乃至全球第一，从而形成规模，降低成本，实现集中的规模最大化。

企业关注的永远是发展，中大汽车产业只有专注于某个细分市场，有明确的定位，效率、规模、技术等优势才能确立，发展才能实现。

中大一直将长虹当作榜样，然而长虹的低成本并非一帆风顺，至今仍在一条艰难的道路上挣扎。

不符合战略方向的并购没有意义

任何一种企业扩张手段都必须对企业的发展负责，并购也不例外，看待一个企业的并购战略是否成功，只要审视并购行为能否促进企业的战略发展即可。

我们分析中大收购的对象后可以得出这样的结论：中大的并购符合“大而全”战略，却不利于中大客车产业的发展，在中大收购的多家客车生产厂中，四川峨嵋制造的客车产品处于市场低端，北京燕京长于底盘生产，南京金陵在双层巴士市场占有一定位置，这一切决定着中大必须在多个方面与对手展开竞争，必然增加管理难度与运营成本，对形成规模效应也没有促进意义。

在《十倍速可持续成长》一书中，作者周仲庚曾对一些企业的并购战略做过一个形象的比喻：矮子叠罗汉，即将许多矮子放在一起，仅仅是一个形式上的巨人。中大汽车产业的并购策略正是如此。

不符合战略方向的并购没有意义，不能够促进企业发展的并购是失败的，企业的目的不是今天做大明天崩盘，德隆败局应该引起我们的广泛关注。中大的并购目的很不明确，同时在不同的产品线上进行扩张，必定将面临整合难题，甚至带来资金周转压力。

戴尔式成功：中大汽车产业发展战略调整

我认为中国企业的幸运之处在于可以从国际企业的成功与失败之中总结经验，从而少走弯路，加快发展步伐，戴尔对于中大来说，正是榜样之一。

为什么选择戴尔

要解释为什么选择戴尔作榜样，就必须理解戴尔为什么能够成功？

戴尔进军 PC 行业时，IBM、惠普、康柏等企业已经在市场上拥有了一定的影响力，那么戴尔是依靠什么得以成功的？许多人认为戴尔的成功在于其创造了一种新的销售模式：直销模式，甚至竞争对手也这么认为。然而为什么诸多竞争企业模仿不了戴尔的直销模式呢？因为他们看到的仅仅是戴尔成功的表象，他们可以模仿直销模式，却无法模仿戴尔直销模式背后的支撑点。那么，到底是什么促使了戴尔的成功？答案是：整合。戴尔在发展初期便自觉的遵循了细分原理，他没有考虑自己去生产所有的 PC 机所需配件，而是将这一切交给其他生产厂家，自身则致力于市场研究与强化组装能力，其直销方式可以确保戴尔及时掌握顾客的消费需求，高效率的组装能力使其能够迅速提供顾客所需产品（据说组装部门是戴尔唯一不让参观的地方），当然这背后是戴尔强有力的采购系统。直销只是戴尔成功的表象，出色的整合能力才是其成功的根本，戴尔正是如此做到世界 PC 第一的。戴尔的成功表明只有整合资源才能够达到最优化的性价比。

整体大于局部之和

走戴尔之路，成为优秀的整合服务商，而不是制造商（戴尔不能称之为严格的制造商，出色的组装能力是其提供优质服务的一项保证而已），中大必须强化对市场的了解，进行市场细分，提供专业性的产品，这样有利于提高规模降低成本。从以下三点着手利于提升执行效率：一、寻求清晰的细分市场并对该市场的需求有清晰的认识；二、研究该市场的需求标准以界定供应商；三、提升生产部门的快速组装能力。

其中中大必须明确两个标准：一、细分市场客户的需求标准；二、整合下的生产效率标准；客户需求的标准在市场中，而整合下的生产效率标准则取决于企业的采购系统与生产效率，快速整合能力是关键。

中大期望通过并购策略建立起完善的产业链，目的正是提升这种整合能力，然而其忽视了一个重点：整体大于局部之和。通过并购将一些企业并置在一起，如果不能够满足各自的利益需求，则难以形成整体，中大的市场不可能满足所并购企业的所有发展需求，必定面临难以达到目标而管理混乱的结果。这是许多企业并购难以成功的主要原因之一，为什么许多看似互补的并购会失败？原因便在于各自的需求是不一样的，因此难以形成真正的整体化运营。那么，为什么通过资源整合能成功呢？因为中大给供应商带来的是利益，中大的市场发展越快，给供应商带来的利益越大，这种利益相关使得双方的合作稳定且互相促进，形成了真正意义上的整体。

整体不是简单的加法，整体是在共同的利益指引下形成的自愿合作体。

⊙中大汽车产业发展战略构想

要明确中大汽车产业的战略，必须两个主要问题：客车企业发展方向群是什么？中大在客车业的优势在哪里？

客车企业方向群我们已经知晓：针对细分市场提供最具价值的客车产品与服务。

中大汽车产业的优势在哪里？这是战略能否实施的基础。由于进入客车行业时间不久，除了在大中型客车上有所发展外，技术、人才、产品研发等方面都没有太多积累，中大在客车行业的优势可谓乏善可陈，然而中大却拥有客车行业发展必须具备的能力：整合能力。中大的整合能力与生俱来，在创业初期，由于缺乏资金，中大便采取了哑铃式的发展方式，即将技术与市场两头抓在自己手里，制造则交给合作伙伴，从而取得了发展的基础，成功进入客车行业同样取决于中大的整合能力。

其次，中大具有敏锐的市场洞察力，在介入客车行业初期，中大便指出客车行业存在着“虚”利润，提出将价值还给客户的口号，因而率先提出降价以促进行业利润合理化，此举赢得了许多客户的喝彩。

最后，也是最重要的一点，中大的汽车产业源于一个梦想，集团总裁徐连宽在记者访谈时说在梦中想的都是汽车，这就意味中大为了汽车产业的发展可以不惜一切代价，一旦变革成为必然，中大人会毫不犹豫的投入到变革之中，这种力量是令人敬畏的，也是锐利的。这完全符合 IBM 对“随需所备”企业所提出的四个要求：反应灵敏、变化灵活、关注重点、弹性运行。

针对这些现状，结合企业的发展方向群，中大客车产业发展的战略构想如下：针对中途（省际为主）客运市场提供最具价值的客车产品与服务（中大的客车制造主要集中在大中型，适合中途客运）。

在实施战略的过程中，中大着力于行业标准的建立：如何为目标市场提供最适合的客车产品与服务？在大力提升生产部门的组装能力的同时，针对省际客运市场需求（运营者与乘客）进行产品开发（不是研发），为客户提供最具价值的一款或是一系列客车产品，从而实现客户利益的最大化与最优化，并致力于与供应商建立战略性合作伙伴关系。

⊙运营围着战略转

对中大汽车产业发展战略的三个层面进行系统化调整

战略的三个层面是企业战略转化为执行的根本，运营围着战略转，一旦我们确立了戴尔式发展战略，那么，我们必须对组织、人员结构等多方面进行全面调整。无疑，这是一场变革，中大民营企业的灵活性与对汽车产业的执着成为变革实施的基础。

调整一切可用资源围绕战略方向进行全面规划，是企业战略得以成功实施的保证，而战略的三个层面正是对资源的调配与运用，因此做好战略三个层面上的调整并有效实施基本能够确保战略成功。

公司层面战略：中大汽车产业的未来在哪里

公司层面战略在企业的发展中承担着指引方向的作用，讨论的是企业整体的发展目标，它界定了公司发展的领域以及最终要成为一家什么样的公司。公司层面战略必须清晰明确，且要作为公司手册的一部分，成为企业上下必须遵循的企业发展规则之一，从而避免盲目进入不适应企业发展的领域。中国企业很少拥有完善的公司层面战略，有的是诸如成为“世界500强企业”、“某行业最大的企业”等概念性的目标，或是“突破百亿”一类的数字化目标，没有明确的定位，不仅外界对之莫名其妙，就连内部员工也不知所云。

经过调整后的中大汽车产业的公司层面战略异常清晰，即致力于省际客运市场的开拓与发展，通过整合优势成为该领域的领先者，努力成长为最具价值的客车提供商之一。这样的公司层面战略给营销与运营两个层面的战略提供了明确的方面与目标，是可以转化为实际执行的。

营销层面战略：体验为王

营销层面战略主要体现在市场的开拓上，是企业为实现战略目标而针对目标市场需求所进行的努力。中大汽车产业拥有了明确的公司层面战略，营销层面战略也变得清晰而明确：体验为王。通过体验促进销售、通过体验塑造品牌形象、通过体验传达服务品质。

体验营销不仅能够大大提升销售的成交率，提升中大客车的品牌影响，还可以为市场开拓节约大量的成本：一、人员成本，体验式营销使得目前大量的销售人员显得多余；二、宣传成本，宣传已经成为企业重要的开支之一，而体验可以将产品的质量与服务的品质很好的传达出去。

体验式营销的支撑点是：针对细分市场提供专业产品、一对一销售模式、完善的服务体系等，要做到这一切就必须做到以下几点：建立目标客户资料库（中大的目标市场已经很清晰：省际客运市场），随时掌握客户的需求；深入了解目标客户需求，根据需求进行产品开发；构建一套中大特色的服务体系。为了将这一切落到实处，中大提出了“全程价值、全程服务”的体验营销，并通过《价值手册》集中展示产品的特色、配置、优势以及服务的标准等。调整后的营销层面战略以公司层面战略为方向，一切为目标客户服务，对于中大客车的市场发展有着很大的促进作用。

运营层面战略：目标是一切的基础

运营层面战略指组织中的各个部门如何有效利用组织内部资源、流程和人员来实现公司层面战略和营销层面战略，决定着企业战略的成败，因此运营层面战略与整体战略的融合非常重要。优秀的运营层面战略必须遵循企业的战略目标，实现灵活、弹性管理。

中大汽车产业的战略目标是成为省际客运市场最具价值的客车供应商，那么，中大必须要完成以下三个任务：一、深入了解省际客运市场的客车产品需求；二、针对这一需求，确立灵活稳定的供应系统；三、建立高效率的客车组装部门（客车行业优质服务的标准之一是提车周期）。这就要求中大形成“市场研究为主导，采购部门（资源整合部门）为支撑，组装（生产）部门为效率保证”的整体运营思路，意味着市场研究、采购和组装（生产）三者成为中大汽车产业中最为重要的三个部门，其他部门都是为了这三者服务。我相信戴尔公司最重要的也是这三个部门。

市场研究部门随时随地分析目标客户需求，把握需求标准，从而迅速提供适合市场发展的客车产品；

采购部门本质上是供应商整合部门，由于市场目标得到细化，能够形成一定的规模优势，这为采购部门转变为整合部门提供了一定的支持。重要的是采购部门必须以“共赢”的心态去维持供应商的利益，从而形成“唇亡齿寒”的战略性合作关系。

组装（生产）部门需要实现系统化与流程化管理，最大化的提升生产效率，将组装过程中涉及到的每个工序做到最优化（戴尔必定具备这一能力），使中大的客车产品成为客户的首选。

市场研究、采购、组装（生产）三个部门相互渗透又相互支持，真正实现以市场为导向的企业经营，将中大成为最具价值的客车提供商这一战略目标转变为现实。这种经营模式也将成为所有致力于优秀的客车生产商共同的选择。

从战略的三个层面，我们获得了中大客车产业的发展之本：强化市场研究能力，针对市场需求提供特色产品，基础是强有力的整合能力与卓越的组装能力。一旦真正实现这一点，销售将是多余的，符合市场需求的产品不需要推销，戴尔的直销能够成功的原因正在于此。

第十章
战 略 协 同
——确保战略成功

通过一系列案例分析，我们已经清晰的理解战略的三大规则和三个层面，是否这样就已证明企业能够制定并实施好战略了呢？答案似乎并不令人轻松。事实上，许多时候，在与一些企业家沟通的过程中，我发现让他们改变已有的观念是一件极其困难的事。最令人难以接受的是许多企业对行业发展趋势和消费者的需求理解过于简单，导致所制定的发展战略似是而非，同时对如何将战略的三个层面转化为行动缺乏理解。

针对这些现状，结合在战略规划与实施过程中容易出现的问题，笔者总结出了战略的四个要点和战略执行过程中需要注意的四个要素，从而企业更好的制定与实施战略。

战略的四个要点

既然战略是中国企业寻求突破的基础，我们有必要对之进行全面系统的阐述。在总论中我们已经知道战略的三大规则，通过对一些企业战略的解读，以及为在企业内部进行战略调整的实践，我觉得在战略规划过程中在三大规则的指导下，还需要注意以下几个要点：

战略必须建立在明确的顾客价值需求上

顾客是企业生存与发展的根本，任何一个企业存在的价值都是为了为顾客提供他们所需要的产品与服务。而满足明确的顾客价值需求则意味着企业的战略定位，如在为中大汽车进行战略规划时，我们将之定位为省际客运提供客车产品的公司。只有拥有明确的战略定位，企业才能够制定与之相适应的运营流程与组织结构。

要进行明确的战略定位，需要对行业和消费者进行细致与深入的分析，如果不是出于消费者的需求，再清晰明确的价值主张也是无用的。台湾的家电连锁企业灿坤与一些家具流通企业如宜家、百安居等通过对消费者的深入了解，提倡顾客购买的“感觉化”，目前在上海等大城市取得了快速的发展，并逐渐形成趋势。这说明一旦掌握了消费者的需求，制定清晰的企业发展战略，获取成功并非难事。然而在一些中小城市顾客购买大宗产品如家电、家具等喜欢“货比三家，讨价还价”，“感觉化”消费对于他们来说过于奢侈，因此灿坤等企业发展并不顺利。

而洛城球鞋公司则因为没有明确的战略定位而失败。洛城球鞋一开始拥有明确的战略定位：专门为十几岁的女孩子提供单纯可爱的产品，在设计上也尽量满足消费对象（那些女孩子）的需求，迅速取得了成功。然而不久之后，企业的负责人认为应该扩大业务，于是进入了服装和职业运动鞋业务，于是战略定位开始失焦，最终经过数次调整，但挡不住失败而宣告破产。

随着市场的变化调整战略

“根据市场需要、由外而内的制定战略”之类的话语，对于许多企业来说并不陌生，然而真正做到的企业却少之又少。能够根据外界和消费者需求变化制定企业战略的企业则屈指可数，更多的企业总是在面临困境或濒临破产境地才思考如何进行战略调整。即便是伟大似 IBM 这般的企业也曾经因为无视市场的变化而面临消亡的危险。

市场的变化决定着企业的发展方向，任何蔑视市场变化的企业最终都将会面临破产，洛城球鞋同样是这样一家企业，它的兴起是因为其创始人看到了女孩子们的需求，它的失败则因为无法继续满足消费者的需求以及定位失焦，它后来推出了许多产品但不符合市场的需求，年轻一代是最具创新意识的一群人，她们的需要在不断的改变，而洛城球鞋把握不住这些变化，最终必然沦为失败者。

根据市场变化不断进行战略调整的企业为数不多，最具代表性的是英特尔公司，先后推出了存储器、微处理器、国际互联网构件等产品，它的每一次变革都抓住了市场的发展，取得了辉煌的成就。英特尔为什么能够成功，最重要的原因是他们掌握了安迪格鲁夫所说的“战略转折点”，战略转折点是指新旧战略更替时期，有点类似中国企业目前的现状。英特尔的成功之处在于他们在发展顺境中便开始关注和寻求这一转折点，而更多的企业则抓住目前赢利的业务不放，直至困境来临。

战略必须得到不折不扣的沟通

具有明确战略的企业不少，最终取得成功的企业却不多，主要原因在于沟通不够，企业中许多人不能够领会高层领导人的战略意图。一个企业希望战略执行成功，就必须注重沟通。企业的战略必须成为员工的信念，只有当所有的员工都围绕着战略而奋争时，战略才具备实现的可能性。那些将战略作为公司机密而不与员工沟通的企业很少能够取得预想中的成功。沃尔玛是一个异常注重战略沟通的公司，创始人萨姆总是不停的给员工灌输他的战略理念，最终使之成为所有沃尔玛员工的理念。这是沃尔玛为什么能够迅速成功的主要原因之一。

事实上，更多的企业不注重战略沟通，他们有着复杂的组织结构和分散性的团队，因为缺乏战略沟通，所以人员很难拥有相同的目标。我分析过的许多民营企业便是如此，当你与企业员工进行沟通时，一个问题你能够得到多个不同的答案，这说明他们没有统一的经营理念与战略思路。一旦企业不能够将战略清晰的传达给员工或相关的合作伙伴（如经销商），则企业与员工或合作伙伴的关系仅仅是利益关系，这是相当严重的问题，因为他们随时可以离开你寻求更具利益回报的公司。

今天，市场变化多端，能否及时与员工沟通战略相当重要，因为机会稍纵即逝。可以说沟通的效率与效果决定着战略实施的成败。

必须围绕企业的核心经营能力进行战略扩张

扩张永远都是企业经营中最为引人注目的部分，与之形成对比的是几乎大多数扩张是失败的。因为企业总是过于关注扩张本身，而对为什么扩张以及凭什么扩张缺乏理解。对于一些中国企业来说，扩张的理由很简单：做大做强。扩张的方式也很单一：多元化。他们的理念是加法，在一个行业可以做到十个亿，那么做十个行业不就是百亿了吗？周仲庚说这样的多元化是矮子叠罗汉，很形象。中国企业的多元化各个行业之间没有必然的联系，也没有一个超越行业之上的核心经营能力去掌控发展。

针对众多企业的多元化发展，贝恩公司提出了一个概念：围绕企业的核心经营能力进行扩张。即无论是多元化扩张，还是战略转型，所有的一切都必须围绕企业本身的核心经营能力而展开。他们的结论是建立在对数百家企业进行战略研究的基础之上的，是值得信赖的。而我们身边的一些企业却正走在违背这一规则的旅途上，相信不久之后这些企业或选择回头是岸或走向消亡。国际市场中许多企业因为草率行事而过度扩张，最终的结果只有一个：失败。限度公司出于盲目求大的发展心态，迅速收购了多家企业，进入了不同的行业，最终因为涉及产业过多而难以掌控而失败。同样，德隆也是一个典型的失败案例。

战略规划过程中涉及到的问题远远不止于此，但以上四个要点是我在进行战略规划实践过程中必须妥善解决的问题，或许不能够全面的揭示出战略的要点，但一个企业如果能够很好的解决以上四点，一个清晰专注的战略构想是不难出现的。

当然，拥有清晰的战略并不能够代表企业能够走出困境，而仅仅只是知道如何走出困境而已。决定企业战略成败的主要因素在于执行。

战略执行四要素

战略只是构想，执行才是关键。在中国，执行曾经风靡一时，拉姆·查兰与拉里·博西迪的《执行》一书先后再版数十次，时至今日，这股潮流依然没有停歇。许多企业将自身的失误归结为执行能力缺失，因此将执行作为拯救企业的唯一良方。事实上，对于许多企业来说，执行能力再强也无法取得发展，或避免消亡，因为它们的战略是错误的，战略是企业发展的方向，方向错误则全盘皆输。

但是一旦企业战略明确，执行将成为决定因素。因为执行的目的是为了将计划落到实处，没有执行，企业将很难实现自身的目标，而将战略转化为现实就无从谈起。企业的执行能力是由多方面的原因决定的，这些因素主要为：企业文化、组织结构、人力资本和团队建设。同时由于今天市场的变化是如此迅速，以往的那种静态管理方式已经失去功效，因此今天我们需要建立的是一个能够迅速适应变化的动态经营模式。

建立适应变化的企业文化

今大，企业文化比以往任何一个时期都来得重要，在传统制造的企业中，流程的建设与管理模式往往显得更为重要。但是在今天这个高速变化的时代，人们从事的不再是稳定的工作，而是处于不断的更换之中，刚刚掌握的技术与形成的认识可能在短暂的时间内要全部放弃，接受新的知识与概念。这样的状况下，企业的文化将起到决定性的作用。

企业文化在规范员工行为、统一员工思想方面具有很强的作用，一旦企业处于高速的变化之中，让员工按照统一的思想与行为行事将变得更加困难。这对企业文化提出了更高的要求。事实上许多企业并没有意识到文化的重要性，往往将文化当作几句口号，对于如何渗透到员工的心里并没有太多的思考。许多企业缺乏凝聚力的主要原因便是文化建设力度不够。

如果一个企业期望获得持续的发展，拥有适应战略变化的执行能力是首要的。而企业文化是执行力的主要支持点，没有优秀的文化就很难有出色的执行力。威廉乔伊斯等人对两百多家企业深入研究后得出一个令他们深思的结果：企业文化是企业得以长青的必要管理要素之一。他们认为所有获得持续发展的企业都必须建立以绩效为导向的文化，鼓励人人全力以赴、激励、创造充满挑战、有趣的工作环境以及建立明确的公司价值四个方面是企业文化的重心。今天看来，这些内容同样有效，但企业要寻求突破，必须建立一种新的文化：适应变化的企业文化。

处于稳定之中的人们总是抵制变化，因为变化意味着不确定性。但是正如战略专家姜汝祥所说："人们并不拒绝改变，人们拒绝被改变。"也就是说如果能够证实变化是必须的，新的战略是为了获得更好的发展，人们是愿意接受变化的。这需要建立一种文化：变革文化，即根据市场的需求全面进行内部改革的文化，在未来变革文化将是企业最为重要的文化，其他例如激励等都只是支撑变革文化的基础。惠普是建立变革文化较为突出的企业之一，为了适应新的市场需求他们在以往的"惠普之道"基础上进行了一些调整，从而使企业获得了持续稳定的增长。

创建灵活机动的组织结构

一旦战略确立，组织结构是实现战略目标的重要保障之一。组织结构是内部资源如何协调的模式，它决定着一个企业的整体效率，如果不能够调动资源全力支持战略规划，战略成功的几率似乎并不高。建立与战略相匹配的组织结构是实现战略的唯一选择，这需要企业的组织时常处于变化之中，正如安迪格鲁夫所说，经过战略转折点之后一个新的企业将诞生，因为以往的一切你都必须抛弃，这是很艰难的抉择，但是你必须面对。

令人担忧的是许多中国企业刚刚取得一定的成就，觉得自己在组织结构上不够完善，目前正在根据国际企业的管理模式与组织结构进行调整。五大标准、七大系统等纷纷出笼，然而这一切真的有效吗？我们知道西方一些观念更新较快的企业已经开始宣传"随需应变"模式，而拉姆查兰与拉里博西迪在最新著作《转型》中也在强调，必须根据市场的变化建立新的组织结构与经营模式。另一种说法是"市场驱动型企业"。

今天任何一个行业都处于高速的发展之中，企业的战略也在不断的进行调整。因此固定的组织结构将难以取得成效，组织结构必须为战略服务。在组织结构与企业战略的适应性方面，强生公司是楷模。20世纪60年代，由于受到欧洲和日本一些企业的市场冲击，强生制定了分事业部战略，即各自实施自身的战略，与之相适应，强生采取了“事业部”制的组织结构；70年代，因为经济出现停滞状态，为了使各个事业部能够协调发展，以适应外界市场，强生建立了“超事业部制”，通过这个部门去整体协调各事业部的活动；而互联网兴起时，强生立即运用网络系统，实现一体化管理制度，组织结构也趋于整体。强生适应了战略的需求而不断调整组织结构取得了高速的发展，而更多的企业则因为没有这样做而失败。

但是，今天的变化更为迅速，我们必须建立更为灵活的组织结构，能够迅速适应市场发展的需求，做到真正的“随需应变”。

留住与培养优秀人才

人才的重要性已经为众多中国企业所认同，但是真正做到唯才使用的企业并不多见，尤其是民营企业，任人唯亲以及创业元老占据高位的现象仍然很多。这样就使得企业很难拥有能够迅速适应变化的人才，许多企业的变革失败都是源于人力资本的缺乏。“在人、财、物、时间、机遇等诸多影响企业发展的因素中，人才是企业发展的最关键因素，人是企业的主体，是企业的发展之本、创新之源！”韦尔奇如是说。

人才是企业的竞争之本，没有一流的人才就无法创造出一流的企业，没有优秀的人才就不会有企业的发展与壮大。可以说决定企业发展还是后退的是人才，而不是资源与机会！但是人必须要能够适应企业的发展，尤其是今天，社会变化越来越快，企业界流传着这样的一句话：“世上唯一的不变就是改变！”，不确定的因素随时会出现，那些不适应企业发展的人必定会被淘汰。

中国企业家有一个习惯，一旦企业出现危机或增长困境时，喜欢求助于外界的帮助，甚至一些人还求助神灵的帮助。于是空降兵成为一个新的话题，但至今为止，空降兵取得成功的案例几乎没有，职业经理人与创始人之间的矛盾倒是很多。而国际上成功的企业却不一样，他们尽量从内部提拔与培养人才，除非万不得已才请用空降兵（郭士纳是其中之一）。留住优秀人才并从内部培养人才是他们的选择。要留住人才最重要的一点是：将合适的人放到合适的位置上，也就是我们所说的知人善任。许多中国企业家很难做到这一点，他们总是对亲朋好友过于大度，对职业经理人却过于严格。

新的时期需要新的应对方案，对于中国企业来说，解决人才问题已经相当紧迫，如果还停留在以往的人才观念之中，是很难渡过目前的战略突破时期的。

组建高绩效的团队

团队是一个很有意思的概念，它不是指一些人在一起工作，那些貌合神离的组织不能称作为团队，团队的成员之间必须是相互支持且拥有共同的目标与价值观。中国许多企业难以理解这一点，他们总是过于推崇个人的能力，而缺少对团队能力的认同，因此，中国企业中少有出色的团队。

但是在今天，单打独斗的时代已经过去了，市场变得日益复杂，只有经过合作才能够完成工作、实现目标。尤其是处于战略突破时期的中国企业，任何个人的力量都难以使企业保持稳定增长。同时这是一个战略突变的时期，一个团队不但需要具有实现高绩效的能力，还需要具备迅速适应战略进行调整的能力。拥有优秀的团队是战略得以顺利实施的保证。

在团队建设的过程中，以下几点是必须关注的：一、建立共同的目标，没有目标就没有方向，对于目前的中国企业来说，这个目标就是下一步战略转型的目标；二、求同存异，每个人都拥有自身的特长与优势，企业要善于运用其长处并注意尊重他们自身的一些观念；三、鼓励成员信心并促使他们对自身的行为负责，团队最终需要实现一定的目标，信心是一切的基础，对于一个领导者来说，鼓励他的员工是重要的工作。同时，当员工认同企业的发展战略时，他们会自然的散发出一种强烈的责任心。

企业文化、组织结构、人力资本、团队建设是战略执行四要素，由于时代的变化，企业需要做的比以往任何一个时代都要多，它对企业提出了新的要求与命题，对于中国企业来说，最重要的还是那句老话：观念转变。观念不进行转变，就无法具备战略思维，自然就无从发展，而突破目前的困境也只是梦想。

战略突破

摆在中国企业面前的问题尽管残酷但很清晰：要么突破，要么死亡。许多中国企业在努力的寻求突破，而更多的企业则还停留在以往成功的经验之中。通过对战略要点以及战略执行要素的分析，我们知道以往成功的一切已经不合时宜，中国企业寻求突破必须走上战略之路。因此战略研究将成为企业关注的重心，在本文乃至本书中，我所做的努力只有一个：**让更多的企业选择战略并理解战略。**

后 记
什么是战略？

战略是一种围绕对现状不满而产生的忧患意识展开的有目的的系列经营活动！

——题记

今天，战略的重要意义在中国企业界逐渐呈现出来，关于战略的讨论也如火如荼地展开。然而由于缺乏对战略的深刻理解，引进的西方战略理论又因为环境的不同而缺可行性，因此许多中国企业的战略依然显现一片惘然。结合中国市场环境，对企业的经营战略进行系统思考，从而引导更多的战略决策者走出迷途已成当前之所急。

然而，什么是战略？许多企业依然对之没有清晰的认识，本书的目的在于通过对战略概念与作用的梳理，从而让人们从对战略的一些误解中走出来。

战略的定义

在中国经济以其蓬勃发展之势令世界震惊的同时，中国的企业家与经理人所展现出的学习精神与速度同样让人惊异：短短的数十年里，他们似乎掌握了西方经济社会经过200多年发展与完善起来的商业理念。一些企业也沾沾自喜起来，自以为自己已经把握住商业发展的脉搏，从此便可以与WTO后涌入中国市场的外资品牌一争长短。然而，反观中国企业在市场之中所透露出来的迷惘和盲目，令人不得不为他们对成功商业理念的生吞活剥而担忧！“定位”“品牌”“战略”无疑是中国企业界用得最多、也最滥的三个名词，但在我至今长达4年之久的咨询服务过程中，尚未遇有谁能够将这三个名词阐述清楚。“定位”，艾·里斯与其搭档杰克·特劳特以洋洋洒洒数十万言的著作《定位》中已经剖析得很透彻了（最近由杰克·特劳特主笔的《新定位》也已问世，对“定位”做出了一些新的解释，同样值得一读。）；“品牌”至今虽仍无绝对定论，但不久前我在“品牌手记”中曾写下这样的句子：“每个产品都拥有超越其产品本身的意义！”“每个产品的诞生都源于一个理想！”，我将这里的“超越产品本身的意义”和“理想”称之为“品牌”，我想这是关于品牌的最为清晰的定义；而“战略”正是我现在所要探析的。

与“定位”与“品牌”不同的是“战略”是一种行为方式——一种力求使企业运营保持差异性和独特性的行为方式，并且并非是暂时与短暂的。简而言之，战略就是一个企业围绕与众不同而展开的系列经营活动，如海尔为消费者所提供的服务，为了使“服务”成为海尔区别于其他家电品牌的独特商业特征，公司决策型领导人张瑞敏毅然投入大量的人力和资金组建了一支中国家电市场上绝无仅有的服务队伍，使得海尔迅速从与一大批家电品牌的博弈中脱离出来，并取得了一个独特和有价值的战略地位。尽管随后许多其他家电企业也试图通过加强服务来赢得市场，但始终难以动摇海尔已经拥有的市场地位。因为对手很难从模仿中获利，除非其再建一个海尔并成功的从整体模仿上取得成功，然而这一切又太过苛刻，因此，今天依然没有第二家企业因"服务"而像海尔那样成功！

从上述海尔的案例中不难看出。"与众不同"所暗示的是一种独特的价值理念（海尔的服务），这与品牌的核心价值观有许多相似与重叠之处，但战略更多的倾向于某个时期内或用于支撑远景（一个公司的最终目标）的某个阶段，如海尔的"服务"是为了传递其"真诚"的一个方面，这意味着战略是可以根据外部市场和公司的内部状态而改变的，而作为公司最终目标和社会责任的体现，公司的远景或品牌核心是不能轻易改变的，一旦改变，将意味着该公司在迷失方向或面临再生！

或许有人会认为在远景、市场目标等明确的前提下战略是多余的，恰恰相反，如果一个企业没有目标和方向，那么战略将是多余的。因为战略的本质是行动，战略不是目的，战略是围绕某一目的或方向而展开的系列活动。如果没有一套切实有效的战略来实现目标和公司价值，远景和目标只能是停留在口头上的宣言。如果说目标是让院子里开满鲜艳的花，战略便是浇水、施肥的过程。

战略的开始源于一个明确的目标，从目标开始将使我们将力量与资源集中于一点（一个方向），而非漫无目的付出。

最后要说的是战略所要实现的一切大半是针对公司的消费群体的，海尔的服务是针对消费者的，同样宜家从卖场的摆设到产品的设计也都是针对追求风格又图便宜的年轻人的。由此看来，战略的基点在于对消费者消费心理的了解和把握！

战略的缘由

任何事物的存在与发展都有其缘由，关于战略，哈佛商学院教授、世界顶级战略大师迈克尔·波特认为其主要起源于三个方面：(1) 源于提供系列产品和服务，在整体价值链上做出战略规划（多样化战略），如海尔在整体家电服务上所做的战略规划；(2) 为特殊消费群体提供大部分需求或全部需求，比较接近传统意义上的以消费者为区域的市场细分法（需求性战略），宜家家具便是竭尽全力为其目标消费群体提供全部的家具需求，而不仅仅是提供一、两张沙发或一张床；(3) 以不同方式赢得顾客，即依据顾客生活的地理位置、消费规模和需要以不同的经营方式获取顾客的青睐（进入性战略），例如卡迈克电影公司只在人口少于 20 万的城镇经营电影院。

无论三个方面的哪一个都在揭示战略的本质缘由：在市场中获得更好的处境。如果一个企业没有意识到目前处境的危难或感受到来自竞争对手的压力，战略将难以被提起。在没有目的和方向的企业里，战略是多余的！战略来源于那些保持忧患意识的企业改善现状的愿望。

下面我们通过可乐大战中的各个企业在市场中的运营手段来探悉他们是如何围绕着愿望展开战略规划的。

具有一百多年历史的可口可乐在 20 世纪的 20 年代里根本没有竞争对手，而 30 年代的经济萧条使可口可乐的对手百事可乐得以脱颖而出，原因在于在同样的价格下消费者可以获得几乎是可口可乐双倍的百事可乐。二战期间，百事可乐成了紧逼可口可乐的第二大可乐饮料。在接下来的年代里，百事可乐与可口可乐似乎都缺乏对战略的运用。终于，在 1964 年，百事可乐获得了一个接近理想化的战略：百事一代！在新战略中，百事可乐急切盼望从沉闷的市场中凸现出来并超越传统的可乐霸主可口可乐，而采用了“新一代的选择”将可口可乐定位于“落伍、过时、陈旧”的代表，这次战略使其获得了巨大的成功：百事可乐与可口可乐的销售状况从 1960 年的 2.5:1 变成了 1985 年的 1.5:1，可口可乐的优势地位在逐渐丧失。当然，在百事可乐的进攻中，可口可乐并非是一匹毫无还手之力的笨熊。在 70 年代初，可口可乐曾以“真正的可乐”打过一场漂亮的防御战，在这次战略中可口可乐希望能够继续维持可乐霸主的地位，“正宗货”变相的暗示了其他品牌的可乐都只是模仿秀而已，而可口可乐具有这样的发言权，于是可口可乐的销量再次上升，可惜不久以后可口可乐不知出于何种原因而放弃了这一战略，陷入了“世界上唯一的不变就是改变”的言论之中，于是开始不停的交换战术，也在不停的丢失市场。与此同时，在二乐忙于对峙的情况下，七喜汽水却以其独特的“非可乐”定位迅速成长，占据了3.5%的市场份额，七喜的愿望是用不含咖啡因的汽水替代可乐，虽然最终并未达成愿望，但稳具饮料市场第三的地位也足以令七喜欣喜若狂！

很显然，可乐大战中的三个主角都围绕自身的愿望（改善现状）展开战略，并以此改变整个市场：百事可乐打破了可口可乐的独霸天下，七喜又打破了以可乐为主的饮料市场。由此可见，在一个明确的愿望下战略的作用不可估量，类似的结局在啤酒、电脑等商战中同样可以看到。但如果你缺乏改善现状的迫切愿望，我敢断言无论你如何去调整资源与资金，结果必然差强人意！因为你所做的一切只是为了在市场中碰撞运气，而非来自一个缜密的战略！

战术、战略与远景

战略与战术是一对容易令人误解的词语，许多管理者总是将战略与战术并列起来论述，最终使得两者的概念含糊不清、模棱两可，而关于“战略决定战术”还是“战术决定战略”的问题也时常引起争执。我们已经知道战略是一个企业围绕着独特的价值和市场地位而展开的系列经营运动，而战术则是系列经营活动的组成部分，如可乐大战中百事可乐在实施“百事一代”战略中运用了广告、促销等手段，并且在广告中运用了音乐，这一切都是战术。可以肯定的一点是战略和战术的总体目的是一致的，战略是整体规划，战术则是各个具体的市场活动。

关于战术与战略的关系上，有一点值得我们注意，即并非每个战略都能够获得成功，而失败的战略同样源于企业改善现状的愿望，如计算机大战中的DEC、王安、苹果等企业对抗IBM，尽管有着良好的愿望，但最终都归于失败。如果我们认真分析便会发现战略的失败几乎无例外的来自战术的运用。在经过诸多案例的解析后，我们得出这样一个结论：每一个战略的成功都因为在此之前曾获得过一个出众的战术。百事可乐便是将“来吧！加入百事一代”的战术延伸为战略而获胜的。同时我们可以得到另一个结论：优秀的战略总是来自市场前沿（战术总是更贴近市场）。这样，战略的制定者必须深入市场前线去收集信息，把握消费者的真正需求，并从中寻求解决方案，而在此过程中，战术将自然浮现。换句话说便是战略开始于某个单一的、有效的营销活动。例如，在深入市场后，我们发现许多驾驶员总是在修车时询问关于GPS卫星定位仪的功能与作用，并开始埋怨自身的安全意识不够，从中我们获得了一个战术：在购车与修车的过程中讲解GPS卫星定位仪的功能与作用，围绕着这一战术，最终我们将之提升为一个战略：加强消费者的整体安全意识！

当一个战术上升为战略时，战略又反过来影响战术，这有点类似于太极两仪图，可谓你中有我、我中有你，战略与战术的关系是相辅相成，不可分割的。战略来自战术的延伸，战术有不能脱离战略！在创益GPS卫星定位仪的推广案例中，当“加强消费者的整体安全意识”的战略完善后，战术又将围绕战略展开，如广告、促销、公关活动以及免费培训、与驾驶学校联合等。

许多情况下，在战术向战略转变的过程中，构想极度容易搁浅，因为发动一个整体战略需要大量的时间和资金，于是一些企业便用战术代替战略，这样便出现了许多短期市场效应较好而长期看来却是失败的现象。

与战术和战略不同的是远景不是行动，而是目标。远景是一个企业所渴望达到的理想的未来状况。通常情况下远景是一个不断移动的靶子，处于让我们渴望达到却又难以企及的状态。每当我们实现一个构想时，在新的状况下，一个更遥远、更具挑战性的设想又将浮现，远景是我们不断调整战略以期达到的目标。因为远景揭示了现实与理想的差距，能够激发人们的创造性去主动构想战略，并寻求切实有效的战术，使战略的目的由构想转变为现实。每个企业都拥有一个远景，否则其将难以存在，漫无目的的企业最终将在市场中迷失。

许多人将远景与企业的价值观（或使命）混淆起来，使命与远景有着本质的区别：使命反映一个企业在社会中应该担负的责任，远景是企业在某个时期期望达到的最高愿望。如在为汇源果汁进行的战略规划中，我们将汇源的远景制定为“让果汁成为人们生活中必不可少的东西”，即果汁生活化，而汇源的使命却是用果汁这种产品去创造温馨的亲情、友情和爱情，从而使人们永远都生活在关爱和幸福之中！由此，我们可以知道远景是通过战略来实现的目标！

有效经营与战略

有效经营与战略或许是最容易让人费解的一组词了，许多管理学者与战略专家纷纷撰文阐述两者之间的差异性，从而让原本概念颇为清醒的两个词模糊起来。一些所谓的学者甚至利用米歇尔·罗伯特的“战略目标”与“运营目标”的区别来论述其并不新鲜的观点。其实，只要对管理学与战略学有一定认识的人都能意识到有效经营和战略有着本质的区别：有效经营属于管理学范畴，而战略自然是战略学研究的核心。将有效经营与战略混杂在一起，正如将彼得·杜拉克与迈克尔·波特掺和在一起一样令人可笑。这是中国商业理论领域中一个特殊的现象，在中国管理学者大谈战略而战略学者又急于跨进管理领域。

尽管许多杰出的企业领袖是战略思想家，但这也并非意味着管理学与战略学想一致！贝恩公司的咨询专家查尔斯·M·法卡斯与苏兹·维特劳菲出于对 CEO 的极大兴趣而对全球 160 位首席执行官进行的分析和访谈，最终他们得出了 5 种领导方式。排在最先的便是决策型领导方式，这种领导方式的首要条件就是领导人应该是一位战略思想家，他们负责制定公司所有的近期和长远战略。然而，贝因公司的咨询专家们也指出这些领导人 80% 的时间用于与企业经营相关的外部事物，例如顾客、竞争者、技术优势以及市场趋势等，而不是控制人力系统等企业内部管理机制，他们将这一切委托给别人而不是亲自上马。无疑，他们并没有将自己当成无所不能、一手遮天的人物。尽管对于一个企业来说有效经营与战略都是必须的，但他们依然颇具风范的致力于自身的优势，因为他们深晓这两者之间有着本质的区别。

有效经营几乎是每个企业的生存底线，如果一个企业的运营没有朝着既定方向发展，必定终将没落。有效经营是指运用各种管理手段和模式让企业向着某个目标迈进，更多的意味着效率，一个企业的运营是否有效决定着其在激烈的市场竞争中能否持续发展下去，因此众多企业总是在管理方面不断进行改善而提升其经营的有效性。于是，围绕着提高效率、获得顾客忠诚以及取得更好的市场业绩，一些衡量问题的基准应运而生，关于管理的控制系统逐渐形成。在衡量准则的指导下，有效经营的能力不断提高，这同样是在市场中获胜的重要手段，这说明有效经营与战略同样具有不可替代的作用，而在某个企业处于平衡发展的状况下时，有效经营往往比战略更重要！

战略来自差异（现实与理想的差异），当人们对现状不满时便会寻求新的变化，战略正是这种状况下产生的系列活动，当战略进入行动时，关于有效经营又体现出新的价值：它能够保证战略的有效实施。这样看来，战略是一种行为，而有效经营则为了使这些行为的目标和方向更为准确、效果更为明显以及增加战略行为的适当性。也唯有在有效经营的准则下，战略所释放出的效应才能够达到最大化。然而，无论有效经营曾做出多么了不起的贡献，一个企业却很少能够仅仅依靠其为基础而获得持久的成功和市场地位。显而易见的原因是竞争者能够迅速模仿成功者的管理模式和技能，而衡量准则也将成为整个行业的标准。这样，战略又成为必须，标准可以被模仿、复制，行为却难以被抄袭，而思维的过程则更难以被重复！如果一个企业长久的自慰于有效经营之中，在某种意义上该企业已经在停滞不前。战略是改变现状的唯一良方！

即便是战略难以被复制，那些追求持续成功的企业仍然适时改变其战略，而更加贴近市场的发展与需求。

完成本书初稿时，正是德隆资产全面托管于华融之时，以往的几年里当人们对德隆褒贬不一时，我始终以冷眼在一旁观望，任何违背经济规律与原则却依然能够一帆风顺的故事背后必定有不成熟的环境在支撑着，德隆经营思路的弊端随着市场的逐渐成熟必将显示出来。今日德隆败局已定，那些当年围绕着德隆团团转的咨询专家们此刻或沉默不语，或将德隆的失败归结为战略的失误，对于前者我们可以权当其在追悔，对于后者我必须表明我嗤之以鼻的立场，因为尽管德隆已败，但其在战略层面上的思考依然值得我们参考与学习。天气渐渐变冷，德隆人依然在尽一切努力奋争着，让我们期待德隆早日走出寒冬。

致 谢

终于到了这一天，可以回过头来用冷静的眼光看待这本书，尽管当初创作的激情仍留有余烬，但我的内心逐渐趋于平静，我想也到了应该向所有帮助和支持过我的人致谢的时候了。

无疑，没有中国铁道出版社诸多朋友的鼎力相助，这本书是无法摆放在读者面前的，他们具有优秀编辑的全部品格：热情、友好、细致、一丝不苟的工作精神……他们独具匠心地对书稿的部分章节进行了调整，使本书的结构更加紧凑和阅读性大大增强。我向来对编辑这一职业充满无限的敬意，在此，我首先向他们表示内心真诚的谢意。

姜汝祥、曾鸣、陈春花、王璞、徐连宽、祝义亮、刘大伟、李仕洋、丁成……我情不自禁地列出这些名单，离开这些人，我无法想象这本书能够出版。国内研究企业发展战略的专家与学者并不多，但姜汝祥、曾鸣、陈春花、王璞等人的研究和著作给了我许多实践的指导和启发，他们都是对中国企业的未来充满希望的人，其思想深深地影响着本书的写作，并将继续影响着我以后的写作；中大工业集团总裁徐连宽、雨润食品集团总裁祝义亮等企业家不但为我提供了研究企业发展战略的机会，还为书中的战略突破模式提供了友善的建议，尤其是徐连宽总裁还在百忙之中为本书写了序言；青年诗人丁成则以其独特的艺术视觉对本书的写作提出了建设性的建议，使书中的叙述方式得到了一丝缪斯的气息。当然，为本书的写作起到促进作用的人很多，很遗憾我不能在此一一列举他们的名字，但在我的内心里，将永远铭记着他们的帮助和友谊。

最后，我要把我最诚挚的谢意和最深的爱献给我的妻子——海柯，这些年来，她一直是我精神上和生活中的最佳伴侣，没有她的建议和支持，我根本不会动笔去写一本关于商业的书，她的智慧给了我许多新的见解，感谢她对我的爱和关心，更感谢中国铁道出版社给我这个机会，让我表达我对她的爱。

窗外的风已经停息，我熄灭了灯。

邵 雨

2006年5月29日深夜